全球重要农业文化遗产·浙江湖州桑基鱼塘系统研究丛书

鱼桑文化研学课程新释

王似锋 主编

中国农业科学技术出版社

图书在版编目（CIP）数据

鱼桑文化研学课程新释 / 王似锋主编 .-- 北京：中国农业科学技术出版社，2021.8
ISBN 978-7-5116-5423-6

Ⅰ. ①鱼… Ⅱ. ①王… Ⅲ. ①桑基鱼塘—湖州—中小学—教材 Ⅳ. ① G634.931

中国版本图书馆 CIP 数据核字（2021）第 143237 号

责任编辑	穆玉红　李美琪
责任校对	李向荣
责任印制	姜义伟　王思文

出 版 者	中国农业科学技术出版社
	北京市中关村南大街 12 号　邮编：100081
电　　话	（010）82106626（编辑室）　（010）82109702（发行部）
	（010）82109709（读者服务部）
传　　真	（010）82106626
网　　址	http://www.castp.cn
经 销 者	各地新华书店
印 刷 者	北京地大彩印有限公司
开　　本	170mm×240mm　1/16
印　　张	12.25
字　　数	220 千字
版　　次	2021 年 8 月第 1 版　2021 年 8 月第 1 次印刷
定　　价	58.00 元

◆版权所有 · 侵权必究◆

全球重要农业文化遗产
浙江湖州桑基鱼塘系统研究丛书

丛书编辑委员会

主　任　闵庆文
编　委（按姓氏笔画排序）
　　　　丁　宏　卫　良　王　莉
　　　　王　勤　王似锋　李家芳
　　　　杨中校　杨建中　吴怀民
　　　　余连祥　闵庆文　庞勇强
　　　　顾兴国　徐敏利　楼黎静
　　　　潘林荣

本书编辑委员会

主　编　王似锋
编　委（按姓氏笔画排序）
　　　　丁　玲　李勇云　杨升辉
　　　　杨建民　沈玉丽　张建萍
　　　　章金财　章霞梅　蒋　能
图文设计　章　桦
文字校对　朱海霞　庞勇强
图片整理　徐　英
封面设计　陈诗亭
封面插画　丁梓潇

农遗的未来在少年
（代序）

非常高兴收到王似锋先生主编的《鱼桑文化研学课程新释》初稿，其内容之丰富、阐释之科学、编排之精巧、图片之精美让人爱不释手，这不仅是一部面向青少年的研学教材，更是一本湖州桑基鱼塘的科普读物。王似锋先生是我非常敬重的前辈。令我敬重的既有他诗词歌赋与书画摄影堪称全科式的艺术才能，也有他对于青少年研学事业孜孜不倦、精益求精的追求和探索，更有他对于重要农业文化遗产价值和保护重要性的深刻理解与保护传承的身体力行。

关于农业，一个几乎人所共知的认识是，农业是人类衣食之源、生存之本。正因为如此，农业被认为是"人类社会生存的基础"。农业是一切生产的首要条件，为国民经济其他部门提供了粮食、副食品、工业原料、资金和出口物资。正因为如此，农业被认为是"国民经济的基础"。但这样理解农业，其实还远远不够。因为农业不仅是人类的衣食之源和生存之本，还凝聚了生态智慧、表现了文化艺术。农业是人类历史上最古老的物质生产部门，而且在很长的历史时期内是唯一的物质生产部门。自从人类出现，就有了农业。随着人类发展，农业历经了从采集和渔猎为主逐步过渡到采用简陋的石器、棍棒等生产工具从事简单农事活动的原始农业阶段，到由粗放经营逐步转向精耕细作、由完全放牧转向舍饲或放牧与舍饲相结合的传统农业阶段，再到以现代工业和现代科学技术为基础、由顺应自然变为自觉地利用自然和改造自然的现代农业阶段。从这个意义上理解，农业承载的是人类发展的厚重历史。

农业是以自然为基础的生产活动，历史上是如此，目前是如此，而且在相当长时期内依然如此。阳光、热量、水、土地、大气、生物、矿产、能源等既是农业生产所必需的资源基础，又构成了农业生产的环境条件。利用自然、适应自然并在一定程度上改造自然，伴随着农业发展的全过程，人与自然和谐也就成为农业发展过程中人们固有的理念和追求的目标。从这个意义上理解，农业蕴含的是天人合一的深邃思想。农业不仅包括利用土地资源进行种植生产的种植业，还包括利用土地上水域空间进行水产养殖的水产业（或渔业）、利用土地资源培育采伐林木的林业、利用土地资源培育或者直接利用草地发展的畜牧业，以及对这些产品进行小规模加工或制作的副业。不仅如此，农业生产过程还间接生产出一系列生态产品，如吸收二氧化碳、制造氧气、涵养水源、保持水土、净化水质、防风固沙、调节气候、清洁空气、减少噪音、吸附粉尘、保护生物多样性、减轻自然灾害等。从这个意义上理解，农业生产的是人类需求的多元产品。

农业生产过程实质上是人类智慧发展和创造的过程。在长期的农业生产活动中，人类培育出了作物与畜禽等品种、农业生产工具，发展了间作套种、立体种养殖、稻田养鱼等生产技术，创造了村落、梯田、基塘、垛田、林盘以及农林牧复合等乡村景观，创造了节气、时令、民俗、信仰、节庆、礼仪、禁忌、祭祀、乡规民约以及琴棋书画和歌乐舞韵等文化艺术。从这个意义上理解，农业折射的是辉映千秋的灿烂文化。

农业的这些功能和价值在农业文化遗产中表现得更为显著，而突出的代表正是重要农业文化遗产。按照于2015年发布的《重要农业文化遗产管理办法》的定义，"重要农业文化遗产正是经过历史积淀留存下来的我国人民在与所处环境长期协同发展中世代传承并具有丰富的农业生物多样性、完善的传统知识与技术体系、独特的生态与文化景观的农业生产系统，包括由联合国粮农组织（FAO）认定的全球重要农业文化遗产（GIAHS）和由农业部认定的中国重要农业文化遗产（China-NIAHS）。"自2002年联合国发起全球重要农业文化遗产保护倡议以来，全世界已有22个国家的62项传统农业系统被列入全球重要农业文化遗产名录，其中，中国以15项位居各国之首；自2012年农业部启动中国重要农业文化遗产发掘与保护工作以来，已分5批发布了118项中国重要农业文化遗产，分布在28个省、自治区、直辖市。这些重要农业文化遗产堪称人类智慧的结晶、传

统农业的精华,值得发掘、保护、利用、传承。但必须承认,在现今情况下,重要农业文化遗产的传承是非常困难的,难的不是传承的思路和方法,而是因为农业生产比较效益低等原因造成的农业从业人员快速减少。目前流行的一种说法"'70'后不愿种地,'80'后不会种地,'90后'不谈种地"。就是这一现象的真实反映:"70后""80后""90后"是这种情况,那么"00后""10后"呢?习近平总书记2013年12月23日在中央农村工作会议上讲话指出:"农耕文化是我国农业的宝贵财富,是中华文化的重要组成部分,不仅不能丢,而且要不断发扬光大。如果连种地的人都没有了,靠谁来传承农耕文化?我听说,在云南哈尼梯田所在地,农村会唱《哈尼族四季生产调》等古歌、会跳哈尼乐作舞的人越来越少。不能名为搞现代化,就把老祖宗的好东西弄丢了!"

　　重要农业文化遗产的传承是一门学问,既需要理论研究,更需要实践探索。在这方面,湖州鱼桑文化研学院的成立及其相关活动无疑就是很好的探索。我颇感自豪的一个"头衔"就是该研学院的"总顾问"。湖州桑基鱼塘系统为面向青少年的研学活动奠定了资源基础。湖州桑基鱼塘系统起源于春秋战国时期,劳动人民发明和发展了"塘基种桑、桑叶喂蚕、蚕沙养鱼、鱼粪肥塘、塘泥壅桑"的生态循环模式,实现了对低洼湿地的创造性利用,达到了对生态环境的"零污染",形成了种桑和养鱼相辅相成、桑地和池塘相连相倚的生态农业景观,并衍生出丰富多彩的蚕桑文化,于2014年被农业部列为第二批中国重要农业文化遗产,2017年被联合国粮农组织(FAO)列为全球重要农业文化遗产。鱼桑文化研学活动自2019年初开始,在短短的一年时间里,就产生了极好的社

会影响。鱼桑文化研学营地甫一成立,就成为"首批湖州市中小学生研学实践教育基地",当年年底更是被列为"浙江省中小学生研学实践教育营地"。参加研学活动的学生不仅来自湖州市内、浙江省内,而且还有来自长三角地区、甚至是北京的中小学生。我不知道这是不是第一个重要农业文化遗产地的研学营地,但相信这是目前最为成功的一个,而这个成功无疑与鱼桑文化研学院王似锋院长的努力密切相关。良好的开端预示着前景的无限,于鱼桑文化研学活动是如此,于桑基鱼塘农业文化遗产保护亦是如此,于参加鱼桑文化研学活动的莘莘学子更是如此。今天的"桑基鱼塘小传人",明天定会成为"一懂两爱"(懂农业、爱农村、爱农民)的好市民。120年前,梁启超先生在《少年中国说》中发出"少年强则国强"的呼吁;35年前,邓小平同志针对中国足球水平落后的现实做出指示"足球要从娃娃抓起。"对于重要农业文化遗产的保护和传承,何尝不是如此呢?权作序。

联合国粮农组织全球重要农业文化遗产科学咨询小组共同主席
农业农村部全球重要农业文化遗产专家委员会主任委员
中国科学院地理科学与资源研究所研究员

序

  2018年4月，联合国粮农组织（FAO）向"浙江湖州桑基鱼塘系统"颁发"全球重要农业文化遗产（GIAHS）"奖牌。湖州桑基鱼塘成为美丽湖州一张具有世界影响力的亮丽名片。

  湖州桑基鱼塘是我国历史最悠久的综合生态种养模式，体现了古代劳动人民与自然和谐共生的农耕智慧，为联合国教科文组织和联合国粮农组织所肯定的我国唯一保留完整的传统生态农业模式。

  湖州地处亚热带季风区，湖河港汊纵横密布，水质良好，土质丰腴，适宜植桑养蚕和养殖鱼虾。由于湖州东部水网平原地势低洼，常受洪涝之灾。古代湖州人民因地制宜将低洼地挖深变成水塘，或将原有的天然湖泊改造成鱼塘，挖出的泥堆放在水塘的四周为塘基，可减轻水患。这就有了桑基鱼塘的雏形。

  成熟期的桑基鱼塘形成了基上种桑、桑叶喂蚕、蚕沙养鱼、鱼粪肥塘、塘泥肥桑等各个生物链所构成的完整的人工生态循环系统。在这个系统内，桑树是"生产者"，蚕是第一"消费者"，鱼是第二"消费者"，微生物是"分解者"。"分解者"将鱼粪、蚕沙和饵料"加工"成肥沃的塘泥，而塘泥又是桑树的优质肥料。

  作为重要的农耕文化遗产，桑基鱼塘具备了农业遗产的所有条件。从活态性角度看，至今仍然具有较强的生产与生态功能，为增加农民收入，促进乡村和谐发展起到积极作用。从适应性角度看，湖泊成群、低洼泽国是湖州独特的农耕风貌。从复合性角度看，桑基鱼塘不仅体现了传统的农业知识和高超的农业技术，还保留了丰富的传统农业景观，以及农业生物资源多样性。从多功能角度看，桑基鱼塘为城乡居民提供了丰富的食品保障、原料供给，可以进一步开展农业观光休闲、农耕文化传承、科学研究（联合国粮农组织教学基地）等多

种功能。从景观和美学角度看,"堤上植桑 + 塘中养鱼"无论从人与自然和谐共生角度还是农业景观角度,都具有较强的观赏性。从文化传承和多样性角度看,与传统桑基鱼塘相伴的还有周边众多历史文化古村镇,如菱湖和孚荻港等。时至今日,菱湖等地还完整地保留着众多蚕桑文化和鱼文化习俗。

积淀在桑基鱼塘中丰富的文化内涵,需要我们去挖掘和整理,也需要我们去保护、传承和活化。桑基鱼塘这张美丽湖州的金名片,需要我们来继续擦亮。这就需要有一套丛书来呈现。

桑基鱼塘的发展历程,用史话的形式来书写,注重故事性和可读性,深入浅出。搜集有关植桑、养蚕、捕鱼、养鱼和食鱼的诗文,如董恂、董蠡舟等的"蚕桑乐府",农学家张履祥有关菱湖桑基鱼塘的记载,其他农学家有关植桑、养蚕、捕鱼、养鱼以及桑基鱼塘的文献资料,进行注释和简要讲解;搜集汇编有关植桑、养蚕、捕鱼、养鱼和食鱼的传说故事,搜集介绍有关植桑、养蚕、捕鱼、养鱼和食鱼的歌谣、谚语等;文人诗文属于雅文化,民间传说故事则为俗文化,两者相得益彰。桑基鱼塘需要传承和活化,基上植桑养蚕,就有蚕茧以及加工而成的丝绵、丝织物等,鱼塘里产出品种丰富的鱼虾等;水岸植柳,柳条能编筐;羊眼豆的藤蔓则爬到杨柳上,秋天能收获菱湖特产白扁豆;桑基鱼塘所产风物特产,经过精心加工,就有了"白鱼宴"、陈家菜、桑叶茶、青鱼干、桑葚酒等;活化传统习俗的"鱼汤饭",成了鱼桑文化节的"引爆点";开展桑基鱼塘研习活动,鱼桑文化节上出现了童稚可爱的"桑基鱼塘小传人"。桑基鱼塘持续得到媒体聚焦,搜集整理众多媒体集中报道,可以为桑基鱼塘留下一份鲜活的历史"档案"。

丛书陆续付梓,可喜可贺。应编者之邀,谨以此为序。

杨中校

Contents
目 录

问 道 篇

一、什么是鱼桑文化? …………………………………… 3
二、为什么要推出鱼桑文化研学? …………………… 6
三、怎样深入挖掘鱼桑研学课程内容? ……………… 8
四、鱼桑文化研学营地有哪些特色? ………………… 10
五、研学营地的优势在哪里? ………………………… 12
六、怎样开发鱼桑文化研学课程? …………………… 14
七、研学院徽标及队歌………………………………… 18

课 程 篇

课程内容模板图………………………………………… 22
地理课程　一湖水网绣江南…………………………… 24
　　桑基鱼塘…………………………………………… 28
　　荻港古村…………………………………………… 30

太湖溇港……………………………………… 32
　　頔塘运河……………………………………… 36
　　钱山漾遗址…………………………………… 38
生态课程　一塘池水生态行…………………… 40
　　神奇的蚬壳路………………………………… 44
　　天虫——蚕宝宝的六感体验………………… 46
　　捕鱼——"神州第一捕"是谁？…………… 50
民俗课程　一带风俗话春秋…………………… 52
　　湖州鱼文化节………………………………… 56
　　从扎蚕花到轧蚕花…………………………… 60
　　千金剪纸……………………………………… 62
非遗课程　一丝一毫非遗展…………………… 64
　　辑里湖丝……………………………………… 68
　　湖笔制作技艺………………………………… 72
　　绫绢风筝……………………………………… 78

Contents
目　录

　　荻港民间丝竹……………………………… 82

　　非遗传拓体验……………………………… 88

文创课程　一品文创稚子乐………………… 92

　　鱼骨画……………………………………… 96

　　蚌壳画……………………………………… 102

　　蚕丝纸……………………………………… 106

　　陶泥鱼制作………………………………… 110

　　蚕茧工艺…………………………………… 114

植物课程　一树一果桑陌间………………… 118

　　果桑长廊　五彩隧道……………………… 122

　　采菱乐……………………………………… 124

　　荷塘采莲…………………………………… 126

　　百桑园……………………………………… 128

人文课程　一境名胜玉清赞………………… 130

　　湖州桑基鱼塘历史文化馆………………… 134

南苕胜境…………………………………138

　　荻港古桥…………………………………142

　　《桑基鱼塘赋》碑拓体验………………146

红色课程　一展红旗万代传………………150

　　抗战英雄纪念碑…………………………154

　　荻港乡贤馆………………………………156

科普课程　一稔农作科教谱………………158

　　蚕茧灯……………………………………162

　　从古代桑基鱼塘到现代桑基塘鱼………164

食育课程　一味美食鱼桑餐………………166

　　非遗陈家菜………………………………170

　　学包芦叶鱼头粽…………………………172

　　青圆子……………………………………174

天堂渔歌……………………………………176

后　记………………………………………178

问道篇

一、什么是鱼桑文化？

一位哲人曾讲过："人在饥饿时只有一个烦恼，吃饱以后就会生出无数烦恼。"前者是生存的烦恼，后者是发展的烦恼。解决生存的烦恼主要靠经济，解决发展的烦恼主要靠文化，满足小康社会人民幸福生活的需要要靠"文化+"，而鱼桑文化简言之就是"文化+鱼桑"。

　　鱼桑文化紧紧围绕全球重要农业文化遗产浙江湖州桑基鱼塘历史人文，以鱼桑农耕为主轴，充分挖掘其资源，依托本土地域文化优势，传承天人合一生态理念，开展系列文化活动。十多年来，荻港渔庄先后举办了共12届鱼文化节活动，从创意策划到项目落实，突出鱼桑文化主题。"鱼"文化历史悠久，中国最早的吉祥图腾为鱼，而后有"鱼化龙"的传说。在古代寓意为学子金榜题名。《孔子家语》曾经记载："孔子喜得贵子，鲁昭公以鲤鱼作赏赐，孔子因此为儿子取名鲤，字伯鱼。"而桑文化历史同样渊源久远。在早白垩世（距今1.25亿年）时，已经确认的化石中就有桑科的存在，古代先民把桑树视为"生命树"，于是又有了"羿射"的传说。湖州桑基鱼塘系统核心保护区中有个古村落名"射中村"，也源于"羿射九日"这个典故。鱼桑文化不仅仅历史积淀深厚，而且千百年来先民世世代代相传，从科技、农耕、民俗、艺术、宗教等各方面积累了丰富的文化资源，这些资源有待我们进一步深入挖掘与发扬光大。

二、为什么要推出鱼桑文化研学？

从研学旅行概念来看，湖州鱼桑文化研学起步较迟。近两年来，荻港渔庄先后列入湖州市中小学生研学实践教育基地与营地，列入浙江省第二批中小学生研学实践教育营地。因此，在2019年春成立了湖州鱼桑文化研学院，全面推出了以鱼桑为主题的研学旅行项目。

1. 荻港渔庄有十多年的文化创意活动的积累

16年来，荻港渔庄创办了总共12届的湖州鱼文化节活动，每届推出"千年鱼文化、百年陈家菜"为主题的系列项目，深入挖掘传统优秀文化，整理并创作了一批文艺作品，如《天堂渔歌》《鱼桑丰收曲》《渔乡狂欢曲》等。为推动乡村文化建设与文旅产业的发展竭尽全力。于此，湖州鱼文化节成为"全国示范性节庆活动"的名录之一。

2. 湖州笔道艺术馆创办20年，丰富了中小学生及成人学书法的办学经验

笔道馆师生不仅仅在书法上进行教学，而且涉及国学文史、书画理论、教学研讨、旅行考察等。如去绍兴兰亭体验曲水流觞，在荻港渔庄举办鱼桑书画展、在市区举办春联大赛等。通过与学生的交流，摸索并编著一套适合学生在校外学习的书法教材，有《楷书新释——就是这一点》《湖笔歌千字文》等。

3. 鱼桑文化创意产品的开发为研学课程提供了极具意义的体验内容

近年来为参与全球重要农业文化遗产学术交流会议及省内外文创博览会，先后

开发了一批以鱼桑为题材的文创产品。如《桑基鱼塘丝巾》《蚕茧灯》《蚕丝纸》《鱼骨画》等作品先后在联合国粮农组织总部罗马、日本、韩国等地进行交流。国内在北京、上海、杭州等博览会进行展出。2019年北京世园会浙江馆"湖州日"中的文创产品，得到了国内外嘉宾的高度赞扬。

以上 3 个不同侧重面的文、旅、教融合的积累，为湖州鱼桑文化研学的展开奠定了坚实的基础。

三、怎样深入挖掘鱼桑研学课程内容？

湖州桑基鱼塘系统资源要变成为真正意义上的研学旅行营地，需要去甄选，挖掘其可以作为研学实践教育的要素，并充实其内涵。只有当其教育价值挖掘出来后，桑基鱼塘系统资源才能转化为教育资源，并转化为促进学生发展的研学课程资源，形成研学实践教育活动课程，才能真正成为研学实践教育活动营地。

鉴于此，我们进行了重点调查、反复思考，怎样去挖掘桑基鱼塘研学实践教育题材与内容呢？

——从地理位置上，处于长三角平原腹地，有哪些优势令学生们感兴趣？

——从生态环境上，自然生态循环有哪些有意义的问题值得学生们思考？

——从历史人文上、古农书、古诗词、古建筑、古贤人等，有哪些故事吸引学生们深入研究？

——从鱼桑农耕上，丝绸之源、鱼米之乡有哪些农耕文明传统能激发学生们的敬畏之情？

经过几年来的思考与实践，我们提出"鱼桑研学、知行合一"的关键词，建立了湖州鱼桑文化研学院，开设重点开发鱼桑文化研学课程。

研学旅行活动课程开发是一项系统工程。鱼桑文化研学营地依托了两个院士专家工作站的优势。其中一位是渔业专家桂建芳院士，另一位是生态蚕桑专家、中国工程院院士、国际欧亚科学院院士李文华院士。工作站还有湖州鱼桑专家叶金云、楼黎静、李家芳等，为我们的研学课程

开发提出了研学的高度,成为鱼桑研学课程顶层设计的目标。在专家的引领下,我们紧紧围绕"立德树人"的根本任务,根据学校的教育需求,与学校领导及特级教师、大专院校教授等一起探讨确定各个学段的研学旅行活动课程主题,把顶层设计的高端目标分解为各学段学生具体课程的主题内容。

四、鱼桑文化研学营地有哪些特色？

  研学课程是营地教育的核心，代表着营地教育的核心竞争力。鱼桑文化研学营地充分挖掘桑基鱼塘的自然资源、文化资源、项目资源以及营地周边的社会历史资源等，结合荻港独具的旅游资源（古村 + 美食），开发出"主题 + 营地特色体验项目""营地 + 周边基地主题"体验性课程，并根据不同学段设计不同系列的研学课程。

  针对小学生的研学，以大自然的浸入式体验为主，包括参观、动手制作、写画等，内容分别以"鱼""桑"进行展开，主题是"吃、喝、玩、乐"中的鱼桑文化研学。

  鱼文化课程有：①探鱼源；②养鱼经；③捕鱼乐；④品鱼味；⑤拓鱼砖；⑥陶鱼玩；⑦画鱼情；⑧读鱼诗；⑨敲鱼鼓；⑩拜鱼神。

  桑文化课程有：①走桑陌；②采桑叶；③喂山羊；④摘桑果；⑤养蚕乐；⑥蚕丝纸；⑦缫丝车；⑧制茧灯；⑨学茧画；⑩扎蚕花。

  以上 20 个鱼桑文化研学课程重点对象是小学生，体验项目力求生动性、趣味性，营造学生"在玩中学、在学中玩"的气氛。

  针对中学生的研学则侧重以人文领域和文化主题为主，兼顾项目式学习，多学科学习，人文与科学领域融合梳理后整合为"五色系列"：

①红色：抗日英雄纪念碑、荻港乡贤馆、名人纪念馆；②古色：荻港古村、古建筑、古桥、古迹；③蓝色：太湖、頔塘运河、苕溪、溇港；④银色：蚕、茧、丝、鱼、米；⑤绿色：桑、菱、稻、荷、蔬果。

"五色系列"研学课程针对初中生的学段要求，力求研出智慧、学出兴趣、旅出特色、行出格局。对于高中生则注重研学专题性增强，科学与人文并重，综合性减弱。深入内容，科学研究，社会研究与文化探究。课题自主选择，课题认领，在指导老师提示下自主完成。

鱼桑研学内容分别形成10个模板：①地理模板；②生态模板；③非遗模板；④植物模板；⑤文创模板；⑥红色模板；⑦人文模板；⑧民俗模板；⑨美食模板；⑩科普模板。

桑基鱼塘系统成为中小学生的课堂，把鱼桑文化当成学生们的学校，大自然将是我们最好的老师。为孩子们营造一个多元化的学习环境，从观察、体验中获取知识、增长见识、觉醒良知、净化心灵。

五、研学营地的优势在哪里？

湖州鱼桑文化研学营地依托桑基鱼塘丰富的资源，立足荻港渔庄十多年来的文化挖掘与文旅产业拓展。作为桑基鱼塘访问中心的一家文旅企业，注册资金3 000万元，总占地面积630亩①，总建筑面积34 000平方米，已投资3亿多元。其优势在16年的文旅经营打造、文化活动创意。同时有夏令营、亲子游的经验积累，形成了一整套运作规范模式。

1. 硬件设施配套完整，设备功能齐全

近年来曾举办国际会议，全国各类型的会议、培训班；各部门的年会、疗休养等。现具备3 000个餐位，600多人住宿，大小会场11个，教室及多功能厅11个，操场6 000平方米，可容纳学生2 000人左右室外研学。2019年特新设研学大楼，其为四合院式二层楼，占地面积30亩，总建筑面积4 600平方米，实行学生住宿封闭式管理与体验开放式活动相结合，试营业期间即已深受学生们喜爱。

2. 指导老师团队实力雄厚

湖州鱼桑文化研学不仅依托两个院士专家工作站的高端引路，还有各专业的专家、教授等具体参与研学课程活动指导。如市博物馆馆长潘林荣，亲自参与桑基鱼塘历史文化馆的馆建工作，提供珍贵史料，成立共建基地。市少年宫主任张建萍，是浙江省特级教师，也是湖州鱼桑文化研学院的名誉院长，不仅参与课程设计，而且参与研学指导。大专院校马青云教授、范斌教授、杨建民硕士和市书协副主席胡迪权、文博专家钟文刚、市女书协副

---

① 1亩≈666.7平方米，全书同

主席蒋能等都是鱼桑文化研学的特聘导师。除此之外，我们拥有一批专职的指导老师，开发研学课程、跟踪研学指导，常年联系学校、家长和学生。鱼桑文化研学还聘请了不少非遗文化传人亲自为学生进行辅导，有非遗湖笔、非遗辑里湖丝、非遗剪纸、非遗荻港民间丝竹等，让学生近距离亲近非遗传人，体验非遗文化。

　　鱼桑文化研学致力于营造一个"真、善、美"的体验课堂：一是专业性"真"，让学生在研学旅行中逐渐形成终极追求目标，追求真理，以德树人。二是技能性"善"，提高学生的研学兴趣，强化实践技能，启发研学感悟，善待万物。三是人文性"美"，改变校园课本中的概念，定义成为研学旅行中的活态开放伴侣，零距离亲近鱼桑，享受教与学的美好过程。

六、怎样开发鱼桑文化研学课程？

习近平总书记在2018年全国教育大会上强调"要努力构建德智体美劳全面培养的教育体系，形成更高水平的人才培养体系。"2020年3月，中共中央国务院《关于全面加强新时代大中小学劳动教育的意见》指出："坚持党的领导，围绕培养担当民族复兴大任的时代新人，着力提升学生综合素质，促进学生全面发展，健康成长。把准劳动教育价值取向，引导学生树立正确的劳动观，崇尚劳动、尊重劳动、增强对劳动人民的感情，报效国家，奉献社会。"

根据新时代要求，鱼桑文化研学课程的开发，首先，注重学生在德智体美劳研学课程的教学目标；其次，以何种形势引导学生层层深入达到教学目标。具体在开发过程中分为5个阶段进行。

第一阶段，确立鱼桑文化为主题。一开始，我们寻找到60多个研学资源，经过筛选，设立了30多个研学课程目标。

第二阶段，经过实地考察，反复论证，结合文献及学校教材，重点在编写

手册与开发工具上下功夫。如湖笔的制作，辑里湖丝中的缫丝车等劳动工具怎样适合学生使用，进行重新设计。

　　第三阶段，梳理各类资料，将鱼桑文化分为 10 个模板，形成课程资源，打造课程体系。每个课程设计方案分为课程资源、课程目标、知识导航、活动导航、思考题，校本链接等内容。

　　第四阶段，培训课程实施团队，保证课程在具体落实中每个环节做到无缺憾、无漏洞。

　　第五阶段，追踪与听取学校，学生与家长意见，及时修正弥补课程短缺，提升课程优质，向课程的精品化、专业化方向发展，力求课程内容的独特性、唯一性。

　　因此，针对研学课程的开发，我们提出了从"19 版"到"20 版"的提升，疫情期间，研学团队白天居家自学，晚上线上研讨，为深化研学课程提高研学质量做好内功。

七、研学院徽标及队歌

◆

其寓意于
"鱼""桑""文""化"
四汉字象形图案的结构变化
一图多意而成

◆

整个图案是"桑"字
而桑字上面三个又构思为"鱼"形
而这形又是古文字的"文"字
下面两本书的图案又成了"化"字的形象

◆

图中其色渐变
意为桑枝的四季变化
上面"鱼"形图为红色意在鲤鱼跃龙门
此徽标充满朝气,蓬勃向上
鱼桑文化,天人合一

鱼桑文化研学队歌

1=F 2/4　欢快、自信　　　　　　　　　　　石风 词
　　　　　　　　　　　　　　　　　　　　建萍 曲

‖: 3 5 3 | 5 - | 6 6 3 | 6 - | 6 5　3 5 | 3　5　1 2 2 | 3 | 1 - ‖

3 3 | 2 3 1 | 2 3 6 5 - | 6 5　6 1 | 2 3 | 5 6　1 | 2 - |
远古　农耕　桑基鱼塘．全球 文化 遗 产 宝　　藏
鱼桑　研学　校外课堂．知行 合一 乐 在 渔　　庄

5 5　1 2 | 3 - | 2 3 1 | 6 - | 2·1　2 3 | 5 6　6 3 | 5 3　2 3 |
太湖　荻港　鱼米之 乡．　　丝绸 探源 运河 流长 运河 流
走进　社会　慨当以 慷．　　增智 启慧 从此 远航 从此 远

1 - | 3 5 3 | 5 - | 6 6 3 | 6 - | 6 5　3 5 | 3　5　1 |
长．　太湖荻港　鱼米之乡　　丝绸　探源
航．　走进社会　慨当以慷　　增智　启慧

2 2　3 | 1 - :‖
运河 流 长．
从此 远 航．

课程篇

课程内容模板图

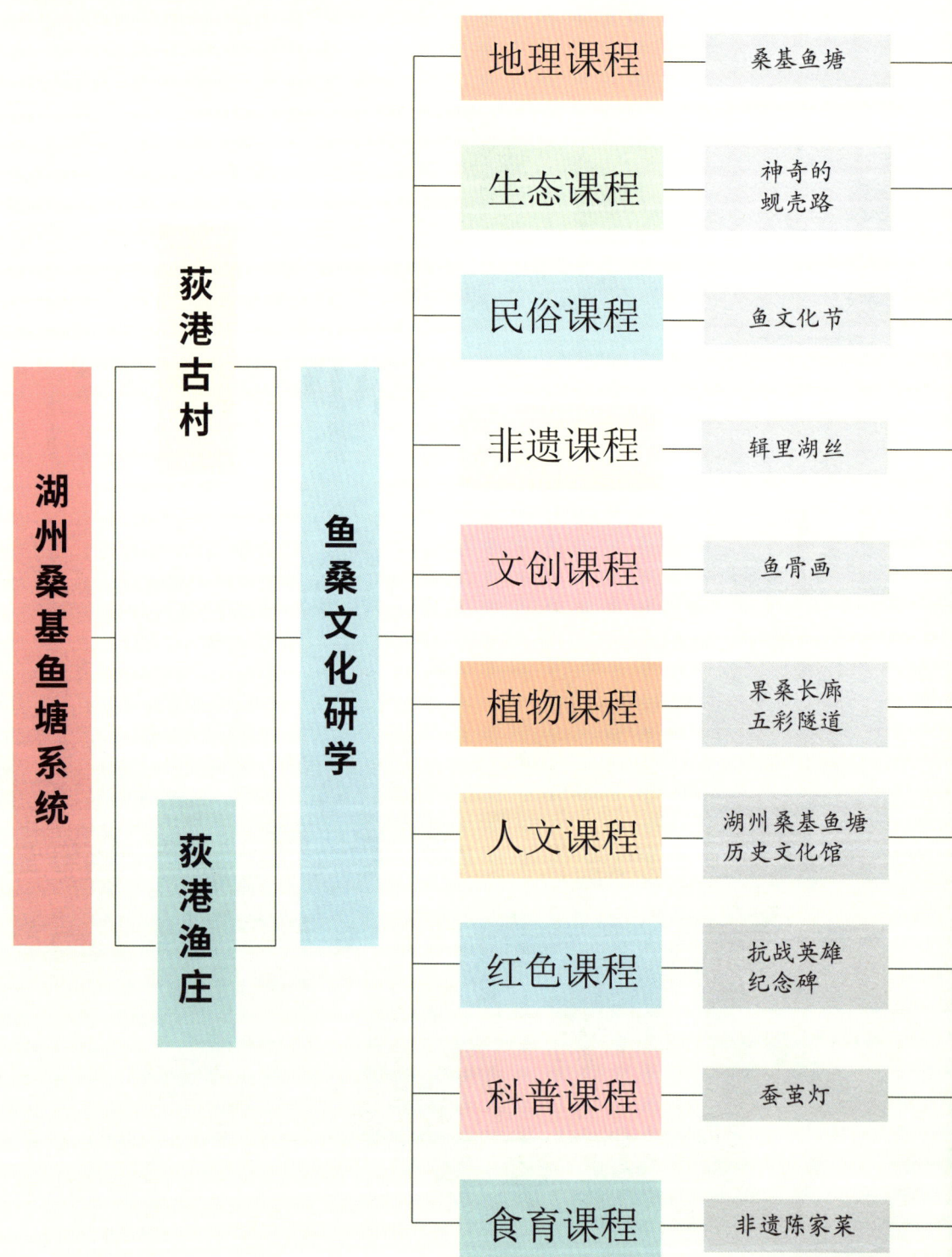

—— 荻港古村 —— 太湖溇港 —— 頔塘运河 —— 钱山漾遗址

—— 天虫——蚕宝宝的六感体验 —— 捕鱼——"神州第一捕"是谁

—— 从扎蚕花到轧蚕花 —— 千金剪纸

—— 湖笔制作技艺 —— 绫绢风筝 —— 荻港民间丝竹 —— 非遗传拓体验

—— 蚌壳画 —— 蚕丝纸 —— 陶泥鱼 —— 蚕茧工艺

—— 采菱乐 —— 荷塘采莲 —— 百桑园

—— 南苕胜境 —— 荻港古桥 —— 《桑基鱼塘赋》碑拓体验

—— 荻港乡贤馆

—— 从古代桑基鱼塘到现代桑基塘鱼

—— 学包芦叶鱼头粽 —— 青圆子

地理课程

一湖水网绣江南

　　湖州地处浙北，因紧邻太湖而得名。三国时，湖州曾属吴国，因而亦称吴地，古称吴兴。自公元前 248 年战国著名的"四公子"之一的春申君黄歇在东苕溪之滨筑菰城，在苕溪两岸修农田，兴水利，开启文明至今已有 2300 多年的历史。

▶ [学习导航]

　　湖州不仅是一座历史古城，更是一座文化名城。其历史悠久、人杰地灵。千百年来，勤劳智慧的湖州人民在此沃土之间，得天地之气、取山水之胜。从钱山漾到桑基鱼塘，从天目东西苕溪到頔塘故道，从南太湖滩涂上横塘纵溇的开凿整治到溇港圩田水利工程系统的形成，自古以来为世人绝赞。

　　湖州山水平原交织如画，山峦绵延，水网密布，物产丰饶，闾闾相望。民风朴厚，人文久远。创造出辉煌灿烂的鱼桑文化、湖笔文化、美食文化、瓷文化、茶文化、竹文化。怀古思今，历代名人志士无不与湖州有着深厚的渊源，曹不兴、王羲之、颜真卿、张志和、陆羽、苏东坡、赵孟頫、吴承恩、吴昌硕、沈尹默等，都留下了萍踪浪迹，诗文名篇。为美丽富饶的南太湖大地成为中国著名的"丝绸之府、鱼米之乡、文化之邦"，为中华民族的文明昌盛做出了宝贵的贡献。

▶ [地理模块]

地理课程——一湖水网绣江南

课程名称	课程内容	课程形式
桑基鱼塘	"浙江湖州桑基鱼塘系统"处于中国第一大经济区长江三角洲的中心区域太湖南岸平原,为上海、杭州、南京三大城市的腹地。 桑基鱼塘是池中养鱼,池埂种桑的一种综合养鱼方式。从种桑开始,通过养蚕而结束于养鱼的生产循环,构成了桑、蚕、鱼三者之密切的关系,形成塘埂种桑,桑叶养蚕,蚕沙、蚕蛹、缫丝废水养鱼、鱼粪肥桑的比较完整的能量流系统	参观+讲座+体验
荻港古村	南浔区和孚镇荻港村是一个千年历史文化古村,其区域因河港两岸芦荻丛生而得名。此地是典型的江南水乡小镇,四面环水、河港成网、小桥碧柳、环境优美、人文荟萃、古建筑成群,旅游资源丰富多彩	参观+讲座+体验
太湖溇港	太湖溇港的历史始于春秋时期的吴国(约前6世纪),至北宋时形成了完善的溇港水利体系,并以南太湖的湖州地区保存最为完整。 太湖溇港是两千年来太湖流域治水史历史见证,也是一个区域的人文与自然史的演变进程	参观+讲座+体验
頔塘运河	頔塘河本名荻塘河,为江南运河的主要分支,是太湖南岸一项规模庞大的古代水利工程,它把太湖及其溇港、湖荡组合成丰沛的水系和贯通畅达的河网,接纳了天目山麓下泄给东西苕溪的湍急水流,既有蓄水灌溉,又有向太湖、黄浦江排涝泄洪的作用	参观+讲座+体验
钱山漾遗址	20世纪50年代,钱山漾遗址发现并进行了科学挖掘,出土了一批绸片、丝带、丝线等尚未碳化的丝麻织物,并出土了麻布片、麻绳等纺织品,还出土了陶器、骨器、玉器等大批新石器晚期的遗物。其发掘对中国太湖流域的史前文明研究具有重要意义	参观+讲座+体验

课程目标	教材链接
1.深入自然环境，了解桑基鱼塘地理位置，地理要素与景观。 2.依托自然和人文地理环境，发现地理、科学、艺术等学科在桑基鱼塘历史中相互发生的作用。 3.通过自然考察及社会调查等形式，认识理论与实践相结合的重要意义。进一步理解桑基鱼塘的自然生态循环对世界农耕文化的贡献	高中《历史》《世界文化遗产的保护和可持续利用》
1.认知目标：考察古村地理环境及乡村面貌，感受大都市与古村落的差异特点。 2.社会情感目标：运用所学知识，深入了解古村历史变迁，走访古村老人进行社会调查、对古村的一景一貌、一事一物做出客观的评价。 3.行动学习目标：通过观察、了解、走访、评价等一系列实践体验，思考怎样面对现实，展望未来，我应该怎样建设发展，怎样学、怎样做。为将来的社会建设发展该做好哪些准备	1. 高中《地理》必修：《乡村和城镇》 2. 初一下《历史与社会》：《南方地区——水乡孕育的城镇》
1.认知目标：通过实地考察，寻找溇港"尚义桥"，这桥的桥联把溇港的功能表达得淋漓尽致。"大泽南来,万里康庄同利涉;春波北至,千秋浩淼永安澜"。 2.情感培养目标：千百年前，太湖先民通过溇港变淤泥为沃土，这是第一个奇迹。在此基础上，太湖平原得到了开发，逐渐成为中国古代经济的中心，这是第二个奇迹。而千百年后的今天，太湖溇港还在发挥水利功能，溇港文化进一步得到传承发展，这是第三个奇迹。太湖溇港申遗成功足以说明是一个跨越千年的人水共生传奇	高中《历史》《世界文化遗产的保护和可持续利用》
1.頔塘运河作为太湖南岸祖辈们生存生活所依赖的水利命脉，源远流长。通过沿河实地考察，依托自然和人文环境、探究地质地貌、气象水文、土壤植被等自然要素，人口、部落、经济、文化、社会等人文地理事象。 2.以京杭大运河为背景，以湖州元代书法家赵孟頫为重点，以赵氏《兰亭十三跋》为主题，深入了解运河线路，研究运河气象，欣赏运河中孕育出温润流韵的笔墨艺术	初一下册《中国历史》第一课《隋朝的统一与灭亡——开通大运河》 高中《地理》必修 五年级《人·自然·社会》《交通运输与区域发展》 第25课《京杭大运河》
1.探寻"世界丝绸之源"，走进大自然，感受我国蚕桑丝织的优良传统。深入了解自己的家乡家园。 2.在体验中学习地理、地质等学科的相关知识理论，并与实践相结合，真正做到融会贯通。结合学校课本教材，进行探访古代文明的主题讨论，提高学生的认知能力与思考能力	六年级下《道德与法制》《探访古代文明》

桑基鱼塘

全球重要农业文化遗产证书

课程资源

"浙江湖州桑基鱼塘系统"处于中国第一大经济区长江三角洲的中心区域太湖南岸平原,为上海、杭州、南京三大城市的腹地。北濒中国第三大淡水湖——太湖;南接杭州,距杭州40千米;东临上海,距上海100千米;西连莫干山山脉和天目山山脉。保护区行政区域属浙江省湖州市南浔区西部的菱湖镇及和孚镇行政区域。这里的气候类型为亚热带季风性气候,生态类型属于中国太湖南部的低洼湿地生态系统,为中国典型的江南水乡特征。

桑基鱼塘是塘中养鱼、塘埂种桑的一种综合养鱼方式。从种桑开始,通过养蚕而结束于养鱼的生产循环,构成了"塘基种桑、桑叶喂蚕、蚕沙养鱼、鱼粪肥塘、塘泥壅桑"的桑基鱼塘生态循环农业模式。在这个系统里,蚕丝为中间产品,不再进入物质循环。鲜鱼才是终极产品,提供人们食用。

> 系统中任何一个生产环节的好坏必会影响到其他生产环节。有句渔谚说:"桑茂,蚕壮,鱼肥;塘肥,基好,蚕茧多",充分说明了桑基鱼塘循环生产过程中各环节之间的联系。

> **知识导航**

湖州桑基鱼塘系统是一种具有独特创造性、集多种生产类型为一体的生态循环经济模式,利用生物互生互养的原理,低耗、高效的精耕细作已成为中国的农业典范,而这种农耕实践是当今世界各国公认推广的一种农业生态系统。

古代湖州桑基鱼塘系统区域属于太湖南岸的古菱湖湖群,是"湖荡棋布、河港纵横、墩岛众多"的洳湿低洼之地,每到雨季,洪涝成灾。时值春秋战国诸侯争霸,吴、越两国在此筑塘、屯田、劝农桑,修筑加固南太湖湖堤并连成一线,在洼地东西向开挖"横塘",南北向开挖"纵浦",形成"五里七里一纵浦,七里十里一横塘"的棋盘式塘浦排灌系统,确保了南太湖区水稻、桑蚕和鱼塘收获。

桑基鱼塘将水网洼地挖深成为池塘,挖出的泥在水塘的四周堆成高基,基上种桑,塘中养鱼,桑叶用来养蚕,蚕的排泄物用以喂鱼,而鱼塘中的淤泥又可用来肥桑,通过这样的循环利用,取得了"两利俱全、十倍禾稼"的经济效益。桑基鱼塘的主要特点有:一是种桑与养蚕、养鱼相结合,生产上有紧密的联系;二是植物与动物互养,形成良性的生态循环;三是塘和基的比例为 6∶4(或 7∶3),六分为塘,四分为基,塘与基合理分布,水陆资源相结合。

> **活动导航**

(1)实地考察桑基鱼塘地理环境,认识塘与基的比例现状。
(2)参观桑基鱼塘科普馆与科普长廊。
(3)体验蚬壳路的特征并了解蚬壳路的形成。
(4)百桑园中了解世界各地桑树的特点,并了解"湖桑"的特点。

思考题

(1)湖州桑基鱼塘核心保护区在哪个区域?
(2)桑基鱼塘自然生态循环为防洪抗灾起到了哪些作用?
(3)桑基鱼塘的主要特点表现在哪些方面?

荻港古村

课程资源

南浔区和孚镇荻港村是一个千年历史文化古村，其区域因河港两岸芦荻丛生而得名。此地是典型的江南水乡小镇，四面环水、河港成网、小桥碧柳、环境优美、人文荟萃、古建筑成群，旅游资源丰富多彩。

荻港自古有"苕溪渔隐"之称，历史悠久，古迹众多，蕴含着典雅大气的古村气质。有兴建于史称"乾嘉盛世"的"南苕胜境"；嘉庆帝御赐"玉清赞化"的金匾；耕读文化代表名噪一时的"积川书塾"；残照烟柳的千年古刹演教寺；门前宋代石狮，百年梧桐的总管堂；沿运河建于清代的500多米长的外巷埭到临市河而建1 000多米的古老街坊里巷埭。古桥雄美，记载有庙前桥、秀水桥、隆兴桥、馀庆桥等，桥型各别，独具古风。古建筑有章家三瑞堂、吴家礼耕堂、朱家鸿志堂等50余座，建筑雄伟、厅厢别致、天井幽静、文脉久远。古村沿街石板小路、纵横相交、章吴合一、史传佳话。

荻港自古名人辈出，在历史鼎盛时期，曾走出2名状元、57名进士、200多名太学生、贡生、110名诗人。近现代更是诞生了著名的地质学家、外交家、教育家、科学家、实业家等。

荻港村先后被评为全国历史文化名村，中国最美休闲乡村，全国特色景观旅游名村，国家4A级景区。

活动导航

①一元茶馆；②二条巷埭（指里巷埭、外巷埭）；③三户豪门（指章、朱、吴三大家族）；④四大家鱼（指青鱼、草鱼、鲢鱼、鳙鱼）；⑤五味佳肴（指非遗陈家菜）；⑥六路水网（指蚬壳路及墩、湾、浜、塘等）；⑦七彩丝绸（指蚕桑及绫、罗、绸、缎、绢、丝等）；⑧八座石桥（指荻港三十一座古桥中之最）；⑨九九归一（指全球重要农业文化遗产桑基鱼塘）；⑩十全十美（指荻港湖州鱼文化节、荻港农民丰收节）。

知识导航

以小组合作探究的方式，引导学生从一种多维角度——空间、时间和人物去了解荻港历史文化古村。

1. 空间

介绍江南水乡特有的民居基本常识，馆堂的建筑结构，荻港里巷埭外巷埭的特征演变。各种石板桥与石板路的空间格局，古代的当代规划与古建筑的名胜古迹保护等。

2. 时间

荻港古村的历史发展，区域地名变化，各馆堂的由来及现状，不同时期与空间的关系所发生的不同变化等。

3. 人物

介绍不同时代的人物及其相关的各种传说故事，介绍人与古迹、史料的关系。

从建筑开始进入去发现石板的史诗，砖瓦的乐章，鱼水的画图，感受古村"看得见，摸得着"的时、空、人的叠合交响。在行走的过程中，通过能传达的知识、现象、问题，让学生更深入地来了解古村的变化，了解乡村文化的优良传统。

思考题

荻港古村的"荻"字有哪些意义？

古村建筑有哪些特点？

通过考察体验，你对荻港古村有哪些新的认识？

太湖溇港

课程资源

　　湖州不仅是依傍太湖、苕溪而名,更是因修筑溇港、横塘而兴。独特的溇港文化,赋予了太湖溇港水乡之韵、舟楫之利、远航之先、文化之脉。

　　太湖溇港的历史发轫于春秋时期的吴国(约6世纪前),兴起于两晋南朝,至五代北宋时形成了完善的溇港圩田水利体系,并以南太湖的湖州地区保存最为完整(其中湖州义皋溇、大钱港就是为数不多至今保存相对完好的古溇港之一)。太湖溇港圩田系统是与四川都江堰、陕西关中郑国渠相媲美的古代水利工程,是变涂泥为沃土的古代劳动人民的伟大创举。太湖溇港是两千年来太湖流域治水史历史见证,也是一个区域的人文与自然史的演变进程。2016年11月8日,浙江湖州"太湖溇港"成功入选"世界灌溉工程遗产"名录。2019年10月16日,太湖溇港被中华人民共和国国务院公布为第八批全国重点文物保护单位。

知识导航

1. **太湖溇港到底是一种怎样的水利文明**

水行于圩外,田成于圩内,形成太湖滩涂上溇港圩田。人民获得了大片土地,并在这里建立了新的家园。从空中俯瞰,溇港像一条条灵动的血脉,圩田则如一块块壮实的肌肉骨骼,滋润着这方百姓千百年来的生息繁衍。

2. **太湖溇港的水闸工作原理**

每一条溇港在与太湖的交汇处都建一道水闸,水闸以调整溇港水位的高低,调节水流来去的平衡而保持溇港较为稳定的水位,正如宋范仲淹所说的"旱涝不及,为农美利"。

3. **筑溇港,巧妙将湿地变沃土**

数千年前的沼泽和滩涂变为400多平方千米的沃土,可谓"一万里束水成溇,两千年绣田成圩"。溇港将蓄泄吞吐,分水引排的各项功能发挥到了极致,为农业开发创造了良好的条件。闻名古今的"丝绸之府""鱼米之乡",其中最重要的根基,就是古代太湖南岸人民创造的"塘浦(溇港)圩田"系统及由此衍生出的"桑基鱼塘"自然生态循环模式。

活动导航

活动一: 太湖溇港文化陈列馆展示湖州先民变涂泥为沃土的杰出创造,并通过一代代的经营,构筑了纵为溇港横为塘的水利格局。打造出万亩良田,铸就了独步江表东南望郡的动人故事。通过参观考察,论证水利工程的伟大成就表现在哪几个方面。

活动二: "山从天目成群出,水傍太湖分港流,行遍江南清丽地,人生只合住湖州"。元代戴表元这首题为"湖州"的山水诗道尽了"湖州"的独一无二,请用手机拍照并以文字加以说明太湖溇港的古村新貌。

思考题

(1) 为什么说太湖溇港成为世界典型的水利文明?
(2) 简要论述太湖溇港的水闸工作原理。
(3) 请你说说太湖溇港千年变迁的三大奇迹。

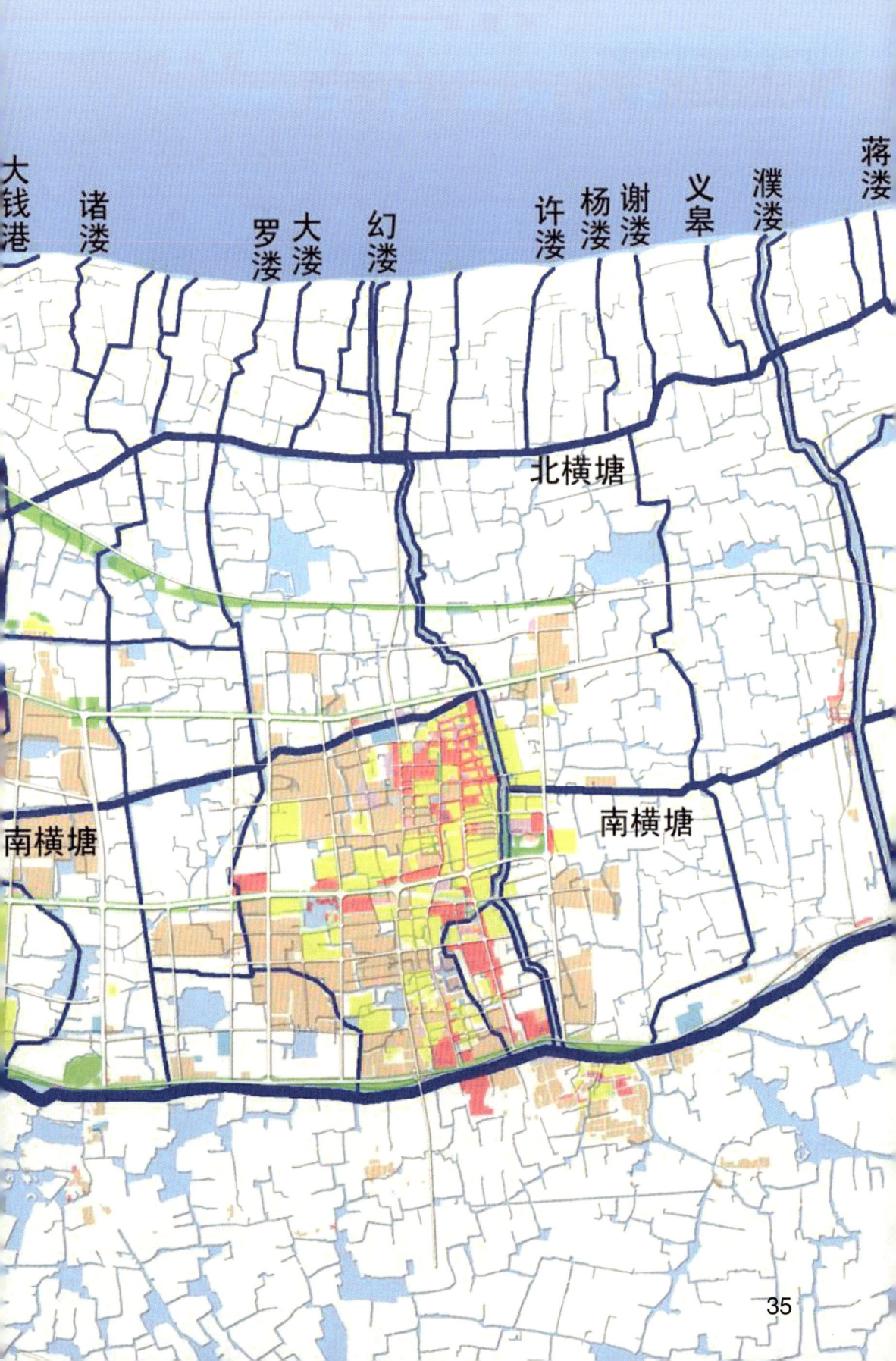

頔塘运河

课程资源

頔塘河本名荻塘河,为江南运河的主要分支,由晋太康年间(公元280—289年)吴兴太守殷康主持开凿,从吴兴城起东抵吴江平望镇。堤路夹河,外挡洪涝,中通排灌,因周围芦荻丛生而得名为荻塘。至东晋末年,太守沈嘉重整,改名吴兴塘。而唐贞元八年(公元792年)、湖州刺史于頔整修塘岸,其"頔"与"荻"发音相同,所以荻塘由此改名頔塘而表其绩。

頔塘河源出浙江天目山之苕溪,向南汇入江南运河、西接湖州、北达苏州、东通上海、南抵嘉兴,尽收航运之利。頔塘是太湖南岸一项规模庞大的古代水利工程,其将太湖及其溇港、湖荡组合成丰沛的水系和贯通畅达的河网,接纳了天目山麓下泄给东西苕溪的湍急水流,既有蓄水灌溉,又有向太湖、黄浦江排涝泄洪的作用。

頔塘双桥

知识导航

1. **頔塘与京杭大运河**

   頔塘是京杭大运河的一个分支。京杭大运河贯穿河北、山东、江苏、浙江4个省份,连接了海河、黄河、淮河、长江和钱塘江五大水系,加强了南北联系,维护了国家统一。

2. **京杭大运河的地位**

   大运河不仅成为南北政治、经济、文化联系的纽带,也成为沟通亚洲内陆"丝绸之路"和海上"丝绸之路"的枢纽。

3. **京杭大运河的作用**

   大运河的通航还促进了沿岸地区城镇和工商业的发展。历朝对运河不断疏浚,改造,使它持续发挥着贯通南北动脉的作用。

4. **京杭大运河的文化地位**

京杭大运河是世界上里程最长、工程最大的古代运河,也是最古老的运河之一,与长城、坎儿井并称为中国古代的三项伟大工程,并且使用至今,是中国古代劳动人民创造的一项伟大工程,是中国文化地位的象征之一。

5. **运河故事**

頔塘河始于吴兴太守主持开凿后,千百年来又有哪些值得记忆的故事?

如赵孟頫《兰亭十三跋》就诞生于京杭大运河。又如传说乾隆皇帝下江南在获港尝名菜"烂糊鳝丝"等。

活动导航

(1) 考察頔塘运河地理环境及周边古代建筑。观看京杭大运河视频。

(2) 运河码头听乾隆帝下江南来尝"烂糊鳝丝"的传说。

(3) 了解湖州元代书法家赵孟頫及其《兰亭十三跋》的意义。

(4) 赵孟頫的京杭大运河行迹研究,其跋在船上记载:"九月五日至南浔北,九月十六日舟次宝应,十八日清河舟中,廿二日邳州北,廿三日将过吕梁,廿六日前夜宿沛县,廿八日济州南待闸,廿九日至济州,十月一日跋,十月二日过安山,十月三日泊舟虎坡,七日书"。赵孟頫从湖州出发坐船到京城共达32天时间,不仅记载了行踪,而且留下了千古绝唱的珍贵墨迹。

思考题

(1) 古代为什么要挖頔塘河?除了挖河当时另有其他办法吗?

(2) 现时期怎样才能保护和利用好頔塘运河?

(3) 乾隆皇帝下江南故事繁多,为什么只听到来获港尝烂糊鳝丝的传说?

(4) 赵孟頫《兰亭十三跋》为什么能在京杭大运河途中诞生?

钱山漾遗址

课程资源

钱山漾遗址位于湖州市城南 7 000 米潞村，为钱山漾东南岸，属新石器时代晚期的钱山漾文化，迄今 4 200—4 400 年，是人类丝绸文明史上一个古文化遗址，占地面积 23.4 万平方米。

20 世纪 50 年代，钱山漾遗址发现并进行了科学挖掘，出土了一批绸片、丝带、丝线等丝织物及麻布片、麻绳等麻织品，并出土了麻布片、麻绳等纺织品，还出土了陶器、骨器、玉器等大批新石器晚期的遗物。其发掘对中国太湖流域的史前文明研究具有重要意义。

2014 年 11 月，钱山漾Ⅰ期文化遗存命名为"钱山漾文化"。2015 年 6 月 25 日，钱山漾遗址被正式命名为"世界丝绸之源"。

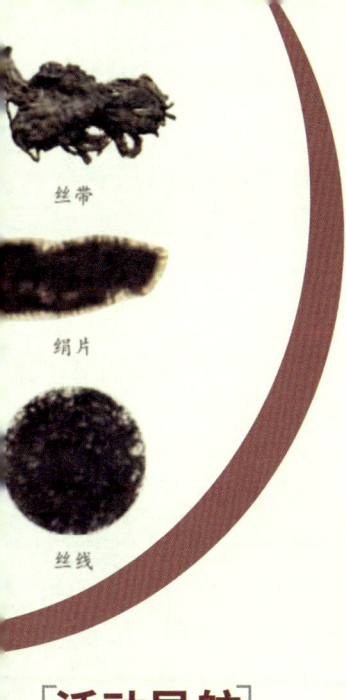

丝带

绢片

丝线

知识导航

1. "世界丝绸之源"

钱山漾遗址出土的绢片、丝带、丝线等尚未碳化的丝麻织物，成为人类早期利用家蚕丝纺织的实例，印证了"世界丝绸之源"源自湖州。

2. "稻产"

钱山漾遗址出土的稻谷、芝麻、蚕豆，说明湖州是世界上早期的"稻乡"之一，以种稻为主，兼营园圃作业，农业生产水平已经相当发达。

活动导航

参观钱山漾文化中心展馆，感受4 200多年历史变迁，了解中国丝绸史。

——夏代六州贡丝。

——春秋战国吴楚争桑。

——汉通西域，湖州丝绸入贡、西传。

——大唐吴绫蜀锦齐名。

——明清湖桑改良，桑基鱼塘兴盛，湖丝大量外销，丝绸市镇兴起。

——晚清民国湖丝屡获世界殊荣。

——中国蚕桑丝织技术非遗。

——中国丝绸产业发展。

钱山漾遗址发现者慎微之先生

思考题

（1）为什么说湖州是世界丝绸之源？

（2）钱山漾遗址哪件出土文物收藏于中国国家博物馆？

（3）除了丝麻织物，钱山漾遗址还有哪些出土遗物？最早发现者是谁？

生态课程

一塘池水生态行

早在2500年前,湖州先民就已经掌握了"塘基种桑、桑叶喂蚕、蚕沙养鱼、鱼粪肥塘、塘泥壅桑"的综合生态养殖模式。"顺天时、量地利",桑基鱼塘代表着湖州人自古以来"天人合一"的思想。

▶ [学习导航]

生态从人文角度说,就是人类与自然的联姻。自然赋予人类这块特定的土地,但如果人类没有聆听、理解这块土地的潜力,那它永远不会踏上生态之道。

从生态学的基本原理,生态就是指一切生物的生存状态,以及它们彼此之间及其与环境之间的关系。在生态系统中存在有能量流动(金字塔法则)、物质循环、物种迁移等生态功能。生态系统中能量流动和物质循环在通常情况下总是平稳进行着,与此同时,生态系统的结构也保持相对的稳定状态,这叫做生态平衡。

▶ [生态模块]

生态课程——一塘池水生态行

课程名称	课程内容	课程形式
神奇的蚬壳路	蚬壳路是桑基鱼塘千百年来自然形成的最原生态的路基景观，也是桑基鱼塘的"塘泥壅桑"的自然产物	实地考察+体验+讲座
天虫 ——蚕宝宝的六感体验	我国种桑养蚕之法源于黄帝的妻子嫘祖，而夏代以前已养家蚕，至宋代蚕事趋于完善。湖州蚕农在宋代就采用"放地蚕"的方法。明清时期，湖州蚕农十分重视蚕种的优化，注重选种、种茧、种蛾，从选种到蚕事都有一套完整的技术和经验	六感体验+讲座交流
捕鱼 ——"神州第一捕"是谁？	清同治《长兴县志》载："舜渔于大，小雷。舜治天下时，此地得到开化，过去的渔人来此定居，取名为馀鱼浦。"在古代，舜"捕鱼治国"传为佳话，被人们赞为"神州第一捕"	下水体验+讲座问答

课程目标	教材链接
1. 通过实地参观考察蚬壳路，用心感受桑基鱼塘渔农建设蚬壳路的辛勤付出。 2. 深入理解桑基鱼塘自然生态循环原理，蚬壳路上的贝壳碎片从哪里来，起到哪些作用	五年级《语文》下册第七单元:《中国的世界文化遗产》 初一《生物》下册第七章第三节:《拟定保护生态环境的计划》
1. 了解蚕宝宝一生的变化及蚕宝宝的生理结构。 2. 从蚕宝宝的吐丝中可进一步理解蚕的精神。 3. 蚕宝宝不仅为人类贡献物质，而且从结茧到破茧化蝶对人们的一生有着极大的启示	四年级《语文》上册第八单元《口语交际——讲历史人物》
1. 了解桑基鱼塘系统特有的丰富水产资源。让学生了解渔业的历史发展与捕鱼的方法。 2. 贴近大自然并与鱼水零距离接触，让学生感受大自然的亲和、体验大自然的情趣。增强集体意识，相互协调。 3. 增强自我保护意识、安全意识	初一《历史与社会》上册第三单元第三课《傍水而居》

神奇的蚬壳路

课程资源

　　蚬壳路是桑基鱼塘千百年来自然形成的最原生态的路基景观，也是桑基鱼塘的"塘泥壅桑"的自然产物。鱼塘中的青鱼多以贝类为食，长年积累的贝壳碎片沉淀在塘泥中，每年渔农在鱼塘捻泥时，贝壳碎片随之被打捞上桑基，日积月累，贝壳碎片露出泥层上，渔农将此拣出铺于桑陌路上。每年如此，层层叠加，人们就称其为"蚬壳路"，所以蚬壳路有着不同年代叠层，仿佛历史的年轮见证着桑基鱼塘的不变光阴。蚬壳路就此取材，成本低又滤水，雨中防滑，走路不粘，行走方便，美观生态，足以见证先民的聪明智慧。桑基鱼塘蚬壳路蕴含着最质朴、最生态的文化价值和传承意义。

知识导航

1. 蚬壳路

蚬壳路上的贝壳碎片是千百年来渔农在鱼塘捻泥时打捞上来所积淀而成的路基，是劳动人民聪明智慧的体现。

2. 青鱼

鱼塘所养青鱼是四大家鱼之一，其有强壮的咽喉齿，呈臼状，角质垫发达，吃食斯文，摄食螺蛳时，先用咽喉齿将其咬碎，再吐出，然后挑肉吃，但是它抢食能力差，碎的螺蛳经常被其他鱼类抢食。青鱼不仅吃螺蛳，还吃河蚌、蚬、螃蟹、虾米等。

3. 螺蛳

螺蛳常栖息于冬暖夏凉，底土柔软，饵料丰富的湖泊，池塘水田和暖流的河溪中。螺蛳是单壳的贝类，与田螺的亲缘关系较近，但贝壳表面不像田螺那样光滑，而是生长着许多旋转的肋纹。螺蛳无论春夏秋冬整年都繁殖。

活动导航

（1）行走蚬壳路，分组进行实地了解蚬壳路形成的有关知识。

（2）深入研习渔农及专家并收集相关的数据信息。

（3）分组寻找不同形状、色彩、质地、大小的贝壳碎片并讲述有何特色。

（4）用贝壳碎片为材料，创意完成一幅作品（可拼成字或鱼桑图画）。

思考题

（1）蚬壳路从哪几方面改变当地农民生产和生活的方式？试举例说明。

（2）当你第一次踏上蚬壳路时，你有哪些想法？最能吸引你的地方在哪里？

（3）你能分辨出蚬壳路上哪些是蚬壳？哪些是螺蛳吗？

天虫

——蚕宝宝的六感体验

课程资源

我国种桑养蚕相传于黄帝的妻子嫘祖，（ ）代以前已养家蚕，至宋代蚕事趋于完善。湖（ ）农在宋代就采用"放地蚕"的方法。明清时（ ）湖州蚕农十分重视蚕种的优化，注重选种、选（ ）选蛾，从选种到蚕事都有一套完整的技术和经验（ ）

湖州俗称蚕为"蚕宝宝"，其名源于明代："（ ）蚕宝，一年生计诚重之也。"至清代，人们称"蚕宝（ ）

养蚕在湖州历史久远，钱山漾遗址出土有丝及丝织物（ ）鉴定确认为家蚕丝织品，说明当时已有蚕丝生产技艺。

虽然是一条小虫，但在蚕农的心中，它已经不只是一条小虫（ ）是一个神物，一份象征，一种文化。从这个"蚕"字——上天下（ ）足以体现它在人们心中的地位。

宋代诗人姚勉诗句"蚕丝义理苦追寻，方寸那容外物侵"，描绘春蚕吐丝的（ ）神所在。而《江姐》歌词"春蚕到死丝不断，留赠他人御风寒"，则说明了人生的（ ）像春蚕一样。

蚕的一生无限之大，一只蛾可产 400～500 粒卵，极具数字概念。它的生生不息（ ）穷无尽，与数学符号"∞"不谋而合，此符号来自希腊字母的倒着的"8"，又与中国古代"（ ）的篆书由两个"8"并列的象形字一样，极具艺术概念。而蚕在结茧时用的方法也（ ）"∞"字形丝圈，每结一个茧，要变换 250～500 次位置，编织出 6 万多个"∞"字形的丝（ ）这又体现出生物学概念。蚕茧周而复始，"春蚕到死丝方尽""何惜微躯尽，缠绵自有（ ）蚕的生生死死极具哲学概念。而蚕的一生仅需 40 多天完成产卵、变蚕、结茧、化蛹、化（ ）又产卵的过程，千百年来的"蚕花娘娘"，人们又把她奉为蚕神，所以又极具神学概念。

蚕是有蚕格的，蚕是有意志的，蚕是有操守的，蚕是有精神的！

▶ [知识导航]

"蚕宝宝"的一生经过蚕卵—蚁蚕—小宝宝—大蚕—蚕茧—蚕蛹—蚕蛾,共40多天时间。其生长过程是幼虫期吃桑叶,然后吐丝作茧,结茧之后化成蛹,成蛹之后又化蛾破茧。蚕宝宝以桑叶为食,不断吃桑叶后身体便成白色,一段时间后它便开始脱皮。脱皮时约有1天的时间,如睡眠般的不吃也不动,在"休眠"。每脱1层皮蚕宝宝就长1岁,脱4次皮后蚕宝宝就吐丝结茧了。

蚕宝宝吃桑叶时姿态优美,变化丰富,因它身肢多足,没有骨架。蚕宝宝有眼睛,长在头的两侧。蚕宝宝也有鼻子,但不在头上,而在身的两侧,称为"气门",是呼吸用的。蚕宝宝身体可分头、胸、腹三部分,13节。头部有3对足,腹足4对,最后还有1对尾足。蚕足是一种柔软无节的内质实起,末端具有能伸缩的钩趾,用以抵住物体爬行或固定身体位置。

思考题

(1)你能画出3条蚕宝宝吃桑叶时的不同姿态吗?

(2)通过观察蚕宝宝,进一步了解养蚕的整个过程,六感体验给你印象最深的有哪些?

(3)蚕宝宝对人类有哪些贡献?

(4)蚕宝宝从结茧到破茧化蝶对人生有哪些启示?

其无声无息、无忧无虑、无拘无束、无休无止,与人类同呼吸、共命运,成就了"世界丝绸之源"与"丝绸之府"的湖州,成就了中国丝绸之路、诗的远方。

所以,我们说"蚕学"包含着数学性、艺术性、哲学性、神学性。

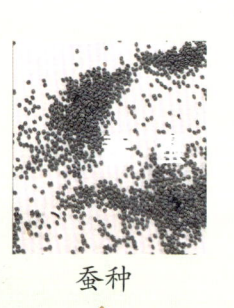
蚕种

蚕蛾

蚕蚁

蚕蛹

蚕眠蜕皮

上山做茧

蚕的一生要经过卵、幼虫、蛹、成虫4个发育阶段

> [活动导航]

1. 观

观看《蚕宝宝的一生》视频,进蚕房观察蚕宝宝的仪态、动作、蚕食等不同的形态。

2. 嗅

蚕房有着桑叶的清香与蚕沙气息的混合味。

3. 触

蚕宝宝嘴巴像猪鼻子,尾巴上又有一根刺,观看之后摸一下嘴巴是否会咬手,尾刺是否会刺痛。捉一条放手上感受它爬行时的动作。

4. 听

蚕宝宝吃桑叶时发出沙沙声响,整个蚕宝宝一片寂静,唯有一片蚕宝宝食叶时发出天籁般的声响,传递着远古的信息,呼唤着千年"天虫"神韵。

5. 味

品尝蚕宝宝吃的桑叶所制成的各种"桑陌系列"茶点,如桑叶茶、桑果糕、桑叶蛋卷冰激凌等。

6. 玩

带上几个蚕宝宝回家让它上山结茧。

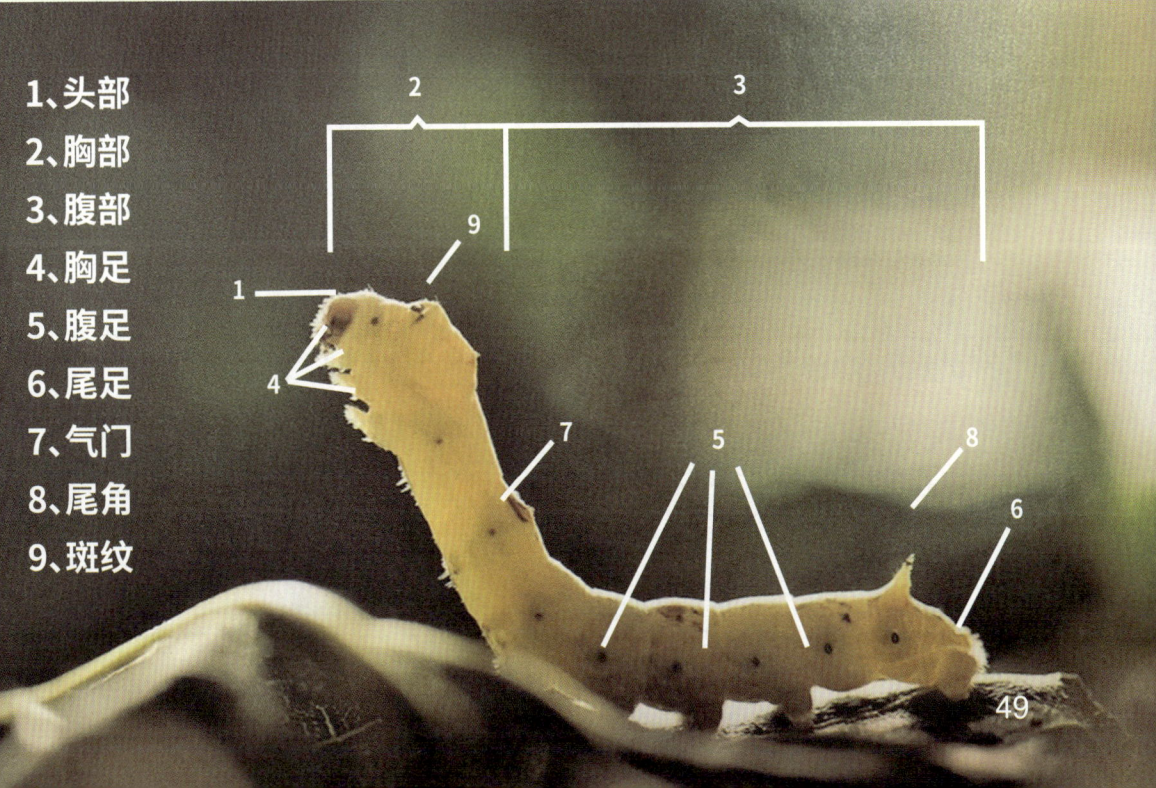

1、头部
2、胸部
3、腹部
4、胸足
5、腹足
6、尾足
7、气门
8、尾角
9、斑纹

捕 鱼

——"神州第一捕"是谁？

课程资源

　　自古以来，先民以捕鱼为业。太湖三山岛古人类文化遗址发掘证明，距今一万多年前的旧石器时代太湖捕鱼已逐渐形成。据清同治《长兴县志》载："舜渔于大，小雷。舜治天下时，此地得到开化，过去的渔人来此定居，取名为馀鱼浦。"在古代，舜"捕鱼治国"传为佳话，被人们赞为"神州第一捕"。

　　太湖南岸溇港及湖州桑基鱼塘系统内捕鱼的渔船多种多样，有"活水船""渔船""木鸭船""脚划船""太湖罛（gū）船"。《湖雅》记载："罛船可种菜，前舱可延师教书，尾系舢板小船，上岸入市卖鱼，乘以往返"。

　　"菱白漾、芦花荡，农家大嫂织渔网……"这是流传渔乡的歌谣。水乡捕鱼工具以渔网为主，其方法多样。有摇小船在河中撒网法，有在河中用网诱鱼法，有在漾中放丝网法，有鱼荡拉网法等。除了用网捕鱼，渔农在田间溪头有"摸鱼"法，就是将手摸进泥洞穴里把鱼提出来。还有"锤鱼"法，用锤子击石震鱼以及"守筛待鱼""赶鱼入笼""鸬鹚捉鱼"等捕捉鱼方法。

　　古代捕鱼工具记载文字有"樔（cháo）"，古又称为"撩罟（gǔ）"。"罾（zēng）"，"索罛"即大网。"箔筌"，"罩"，"罶"，"槮"，"笱"，"篓"，"笭箵（líng xīng）"等。这些工具大都年久失传，但对了解渔业发展史也有一定的参考价值。

知识导航

"近山知鸟音,近水知鱼情"。桑基鱼塘系统的渔民长期的水生劳作,积累了丰富的捕鱼经验。水域中有没有鱼,鱼的多少,鱼的品种及捕鱼难易等,可以用五官通过闻、看、听、问来分析判断鱼情。

1. 闻水味
水中有无鱼腥味,鱼腥的浓淡来判断鱼的多少。

2. 看水纹
水静鱼少;水面有圆圈波纹,说明水下有鱼;而水面有小鱼逃游,可等大鱼。

3. 听水声
鱼儿跳跃时可以判断鱼的多少及品种。鲤鱼上下跳,如跳龙门样子;鲢鱼平跳;鳙鱼翻撞水面会发出"啪啪"声;草鱼吃草时声音"嚓嚓"作响。

4. 看水草痕迹,有没有吃过的现象
看水鸟活动,有没有在水面盘旋飞翔。看鱼量多少,有没有水面气泡翻冒。

5. 不耻下问
问有经验的渔民及了解丰富的渔谚。如"谷雨一点鱼,河里一条鱼""立夏吹北风,十个鱼塘九个空""处暑尾巴白露头,鱼瘟死去无断头,秋天一网吃一季"等。

活动导航

(1)观看捕鱼历史发展及捕鱼工具视频。
(2)指导老师讲古代捕鱼故事并与学生问答互动。
(3)根据季节与气候条件,分鱼塘下水捕鱼和陆地捕鱼两项。
①下水捕鱼需穿草鞋,拿网兜,体验古代渔民下水捕鱼的难度与近距离接触水中之鱼的兴奋度。
②陆地捕鱼是弥补无法下水捕鱼所设计的捕鱼场景。在鱼桶捕抓大小不等的鱼儿进行比赛也是一项激动人心的体验。
(4)分组进行交流捕鱼体验的心得体会。

思考题

(1)请说一说历史上的传说的"神州第一捕"是谁?
(2)为什么在古代"养鱼捕鱼工具的汉字中偏旁部首大都是"竹"字头和"木"字旁"?
(3)通过捕鱼体验给你最大收获是什么?对你有哪些启发?

民俗课程
一带风俗话春秋

湖州桑基鱼塘系统有着数千年的历史，其鱼桑农耕的传承早已形成了一整套具有名族和地域色彩的风俗和礼仪。而荻港的鱼桑民俗文化更有其地方特色，可谓"一方水土养一方人"。

▶ [学习导航]

　　荻港千百年来形成的鱼乡民俗，稻田民俗，蚕桑民俗等，已相沿成习，是渔民们追求向往美好生活的一种精神寄托。如每年拜鱼神，祈祷风调雨顺，蚕桑有蚕神庙祀，供奉蚕神"马头娘"，清明祈蚕花习俗，12月2日为蚕花娘娘生日。相传"古代湖境户都奉祭机神"，即唐代精于机杼制造的褚载。织机收徒都要拜神像祖师。稻田有田神，新米上灶第一日第一顿第一碗先祭祖宗、田神。荻港的风俗和礼仪不仅是区域历史的文化沉淀，更是表达了荻港人对大自然的敬畏，感恩赐福于民的"神"及对神灵的崇拜与祈祝。

　　荻港的民间俗语寓意深刻，颇具浪漫色彩。如鱼，"男人吃鱼更强壮，女人吃鱼更漂亮，小孩吃鱼更聪明，老人吃鱼更长寿"。如米，"吃得三年白粥，造起一间瓦屋"。"吃饭靠种田，用途靠养蚕"，说明蚕桑举足轻重。

　　荻港今日"人在画中尽情游，一路观光一路笑，人人都说荻港好……你唱歌来我跳舞，幸福生活万年长"，这是近年在荻港流传的一首新民谣。

▸ [民俗模块]

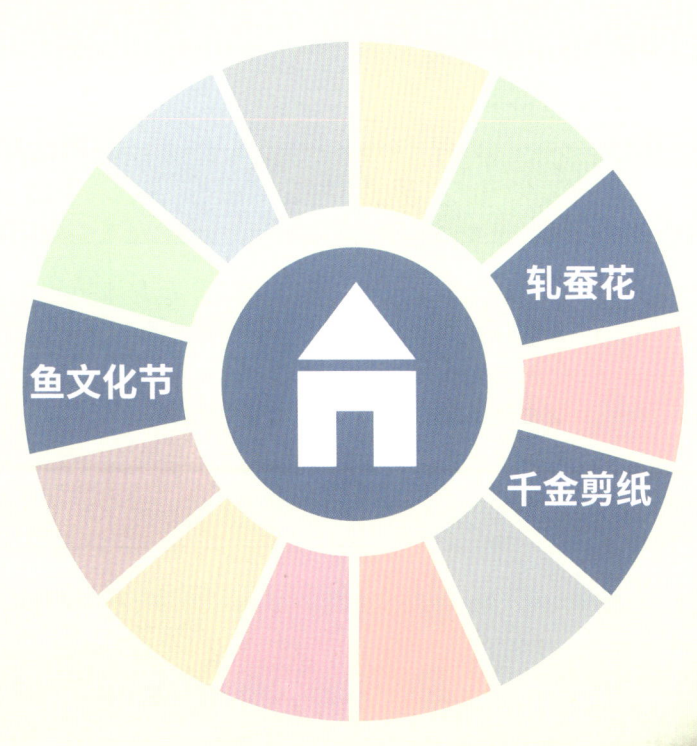

鱼文化节
轧蚕花
千金剪纸

民俗课程 —— 一带风俗话春秋

课程名称	课程内容	课程形式
湖州鱼文化节	湖州鱼文化节庆典活动也正是从荻港村缘起。荻港渔庄 16 年来致力于鱼桑文化的挖掘与整理，为推动湖州桑基鱼塘的保护传承及升级发展，每年举办鱼文化节活动，弘扬传统民俗文化	体验+观看视频
从扎蚕花到轧蚕花	每年清明时节，养蚕护种，自然要朝拜蚕神，祈求蚕茧丰收。清明节祭拜蚕神是湖州各地蚕农划船云集含山，俗称"轧蚕花"	体验+观看视频
千金剪纸	湖州千金剪纸是千金传统民俗文化之一。千金历史有载与西汉刘濞有关，承陆交通便捷，运河支流塘港纵贯，历来以蚕桑、农耕和渔业为主。而千金的剪纸则表达了乡民鱼桑农耕生活的热爱与向往	体验+观看视频

课程目标	教材链接
1. 通过考察历届湖州鱼文化节，了解荻港水乡传统民俗文化特色，感受渔民们积极乐观、朴素厚道的生活状态。 2. 体验《渔乡狂欢曲》，深入了解传统农耕车水场景与民间号子的由来	四年级《道德与法治》第四单元《感受家乡文化，关心家乡发展——我们当地的风俗》
1. 通过体验"扎蚕花"，了解桑基鱼塘系统区域蚕农的民风民俗。 2. 调研"扎蚕花"到"蚕文化节"的历史变迁，深刻理解"丝绸之府"蚕农对蚕桑农事的情怀与精神寄托	四年级《语文》上册第八单元《口语交际——讲历史人物——嫘祖》
1. 通过实地考察，深入了解千金剪纸的地方特色与民俗文化。 2. 剪纸研学课程，不仅是刻剪纸、贴剪纸，更是体验一种桑基鱼塘乡村生活、习俗和文化传承，从小感悟"非遗"剪纸文化的"根"与美	六年级《道德与法治》下册 第三单元第七课《多元文化，多样魅力》

湖州鱼文化节

课程资源

　　荻港方言"鱼"与"我"同音,祖先早已定格荻港人千秋万代与鱼不能分离。正因如此,荻港村民把自己的思想、生命、生活同"鱼"联系在一起。而湖州鱼文化节庆典活动也正是从荻港村缘起。

　　荻港渔庄 16 年来致力于鱼桑文化的挖掘与整理,为推动湖州桑基鱼塘的保护传承及升级发展,每年举办鱼文化节活动,弘扬传统民俗文化,以民间流传鱼汤饭为主打,以祭拜鱼神为仪式,以渔农狂欢为高潮。突显文化内涵,强化主题,不同形式创意及活动内容,如书画大赛,十里红妆,四季摄影,鱼桑研学,水乡百鱼宴等。充分挖掘湖州桑基鱼塘系统资源优势,紧紧围绕荻港民俗文化源远流长、博大精深这一核心,发挥荻港古村原住民的热情,弘扬"鱼桑文化,天人合一"的活动宗旨。

　　湖州鱼文化节至今已成功举办了 12 届,其主题"千年鱼文化,百年陈家菜",得到了央视及全国各大媒体的关注与支持,并多次进行宣传。2016 年,湖州鱼桑文化节被评为"国家级示范性渔业文化节庆"。

　　与鱼文化节相呼应的是每年秋分时节的"湖州鱼桑丰收节",渔农载歌载舞,喜庆鱼桑丰收。

知识导航

荻港人自古聪慧灵秀，其民间传统《渔家乐》即是采用渔家农耕用具为表演器材，充分展示出荻港渔农不辞辛劳在桑基鱼塘这片沃土辛勤耕耘的喜悦场景。这种朴素的民间歌舞极受乡村渔民的喜爱与外来游客的捧场。《渔家乐》曾多次上中央电视台演播厅进行表演与播出。近年，荻港渔庄在《渔家乐》的基础上又进行了新的创意及创新，创作了《渔乡狂欢曲》，此曲源于荻港渔民鱼塘车水号子，以此为基础进行再创作，描绘渔民们田间塘边勤奋劳作状态，不论寒雨酷日朝出晚归，划着小船，唱着渔歌，用汗水换得鱼桑丰收而狂欢。表演道具除了鱼桶、棱桶外，还制作了打击器具，用鱼皮做鼓，取螺蛳壳当铃，画木鱼击乐等。随着欢乐节奏，狂欢原生态音响，全场一片优美旋律和狂放舞姿，祈祷来年风调雨顺、五谷丰登，展现当代渔民的丰收喜悦之情。

活动导航

（1）观看历届湖州鱼文化节精彩视频片段。
（2）分组考察鱼文化节有关场景，了解鱼文化节民俗民风。
（3）学唱《渔乡狂欢曲》，从知识简谱中了解车子号子的起源及劳作过程，专访鱼塘车水现场。
（4）分组体验《渔乡狂欢曲》各种打击乐的器具与舞姿。

思考题

（1）湖州鱼文化节你最感兴趣的是哪个活动？如果让你设计一个节目，你采用什么形式与内容？
（2）《渔乡狂欢曲》你能唱吗？你能用你的乐器来演奏吗？今晚联谊会请你上场。
附：《渔乡狂欢曲》简谱

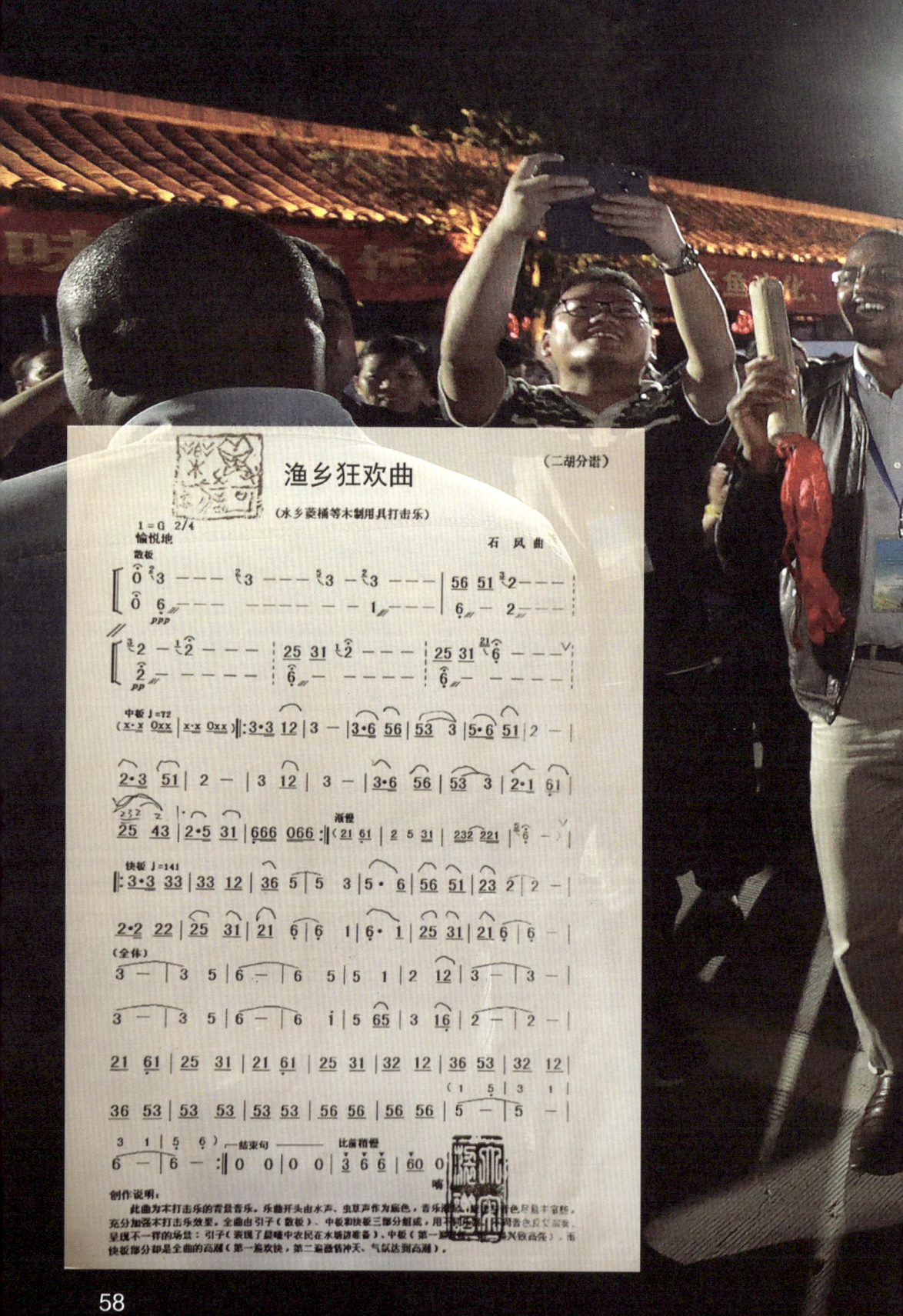

从扎蚕花到轧蚕花

课程资源

湖州史称"丝绸之府",素有"湖丝甲天下"之誉,是迄今为止最古老的蚕丝发祥地之一。2015年6月湖州钱山漾遗址被正式命名为"世界丝绸之源"。蚕丝是先民创造性劳动的成果,荻港俚语"吃饭靠种田,用钱靠养蚕"。湖州桑基鱼塘系统的先民认为种桑养蚕皆由神来主宰,所以就有崇拜"蚕神"的民俗民风。民间信奉的蚕神是"马头娘",口口相称为"蚕花五圣"。

每年清明时节,养蚕护种,自然要朝拜蚕神,祈求蚕茧丰收。清明节祭拜蚕神是湖州各地蚕农划船云集含山,俗称"轧蚕花"。传说"马头娘"在清明节化作村姑踏遍含山,留下了蚕花喜气,谁来脚踏含山地,谁就会把蚕花喜气带回家。桑基鱼塘一带养蚕多为妇女,为表达对蚕神的敬畏,村姑们用纸或绢做成花放置在房内屋外,或戴在头上朝拜庙中蚕神,所以轧蚕花成了蚕农们的风俗。20世纪90年代,"轧蚕花"正式实名为"含山蚕花节",以后每年清明时期举办一次民间活动,既传承了自古以来的民风民俗,又融入了推广科学养蚕,开拓文化旅游的时代新风尚。

知识导航

种桑养蚕对于"世界丝绸之源"的湖州蚕农来说是最习以为常的农事。清袁枚《雨过湖州》:"人家门户多临水,儿女生涯总是桑"。清诗人吴文博《吴兴养蚕曲》:"吴兴养蚕三月杪,桑间女儿何窈窕。黄昏饲养至清晓,露叶悬风门巷小。一眠再眠蚕愈多,十株五株叶渐少。安得妾身化蚕代蚕饥,妾身化叶与蚕饱。"蚕农养蚕的过程中,民间传承着民歌、民谚、民间故事等。清代浔籍诗人董蠡舟在《南浔蚕桑乐府》中描述:"小年朝过便焚香,礼罢观音渡海航,剪得纸花双鬓插,满头春色压蚕娘。""扎蚕花"发源地在石淙,每逢蚕事或农闲时,蚕农们便聚集在一起"扎蚕花"。蚕花一般用绸、绢扎制而成,早先也有用纸,根据不同用途可选材料。把纸、绢先剪成花瓣状,用柴须做成花梗子,从花瓣开始由内而外依次扎制,最后用棉线、丝绵兜紧扎。现在制作蚕花普遍采用染色尼丝纺代替纸或绢,柴须梗子则由铅丝代替,这样花不易褪色,枝不易折断。

活动导航

(1)考察湖州桑基鱼塘蚕农养蚕,观看视频蚕花节活动片段。

(2)走访老蚕农,了解蚕桑民风民俗。调研"世界丝绸之源"的历史与现状。

(3)学习体验"扎蚕花"整个过程。

思考题

(1)几千年来,桑基鱼塘蚕农为何这么崇拜蚕神?

(2)通过"扎蚕花"体验,你所收获的是一朵花还是其他比花更有意义的收获?

千金剪纸

课程资源

　　湖州千金剪纸是千金传统民俗文化之一,是与千金厚重久远的文明历史和广褒博大的人文环境分不开的。千金历史有载与西汉刘濞有关,承陆交通便捷,运河支流塘港纵贯,历来以蚕桑、农耕和渔业为主。而千金的剪纸则表达了乡民鱼桑农耕生活的热爱与向往。自古以来,每逢养蚕时节,千金人会在门窗上剪贴"元宝""聚宝盆""老虎头""蚕猫"等剪纸图案,表达渴望蚕茧丰收的美好心愿。逢年过节,家家户户,男女老少,团团围生,以剪纸为乐,剪贴"福""元宝""鲤鱼""如意"等吉祥民间画图案。村中凡婚庆喜事,家中必剪千变万化的双喜图案,以表达对新人的中心祝愿。千百年来,千金流传着浓厚的民间剪纸风俗。

　　近年来成为传承千金剪纸,千金人从娃娃抓起,在学校组织兴趣小组及金剪刀、拙刀坊社团等,形成校园内"人人有剪刀,个个会剪纸,生生有作品"的浓厚氛围。千金小学先后被评为"湖州市首批特色学校""湖州市非物质文化遗产传承教学基地""首批浙江省艺术特色学校"。

> [知识导航]

"双指玩转显创意，纵然片纸值千金"。这是书法家范斌先生对家乡千金剪纸艺术的高度赞誉。千金这座悠久的历史水乡古镇，一直传承着剪纸民间风俗，家家户户门窗上张贴着用红纸剪刻的"莲花和鲤鱼"，寓意"连年有余"；也有"喜鹊和梅花"的图案，寓意"喜上眉梢"，等等。剪纸已成为乡民们祈福与祝愿的符号。

在千金，老手艺人有沈杏妹、俞永祥、姚莉英等，新生代传人有潘静霞、孙煜华等。自20世纪90年代至今，千金剪纸的传承后继有生，代代相传，手法创变，推陈出新。工艺上，从单纯的剪到剪刻相结合；内容上，从传统的简单模仿到结合新时代的题材扩充；传播上，从本地个体的自娱自乐到群体的相互交流，走出千金，面向全国，面向世界。

> [活动导航]

（1）观看千金剪纸视频，专访剪纸老人，调研地方民俗民风。

（2）跟着指导师，非遗传人学千金剪纸。

（3）评选优秀剪纸作品，交流千金剪纸感悟体会。

思考题

（1）千金剪纸的特色表现在哪几个方面？

（2）通过剪纸体验，你对传承民俗文化有哪些启发？

非遗课程

一丝一毫非遗展

湖州市作为国家历史文化名城，呈现的非物质文化遗产种类繁多，涵盖传统技艺、民俗、民间文学、传统音乐等，并具有活态性、多样性、独特性等特点。

▶ [学习导航]

全市现有各级非物质文化遗产近 200 项。其中，中国蚕桑丝织技艺被列入世界人类非物质文化遗产代表作名录；湖笔制作技艺等 10 项被列入国家级名录；湖州琴书、湖州羽毛扇制作技艺等 43 项被列入省级名录；171 项被列入市级名录。尤其是湖丝、湖笔等制作技艺成为湖州享誉海内外的巧手妙艺，在世博会、世园会、中国成都国际非物质文化遗产节等展览中颇受瞩目。

▶ [非遗模块]

- 辑里湖丝
- 荻港民间丝竹
- 非遗传拓体验
- 绫绢风筝
- 湖笔制作技艺

非遗课程 —— 一丝一毫非遗展

课程名称	课程内容	课程形式
辑里湖丝	南浔辑里丝（又名辑里湖丝）因产于辑里而得名。周庆云《南浔志》载："辑里村居民数百家，市廛栉比，农人栽桑育蚕，产丝最著，名甲天下，海禁既开，遂行销欧美各国，曰辑里湖丝"	观看视频+体验
湖笔制作技艺	湖笔制作自晋代开始起源于善琏。善琏镇称为中国湖笔之都，是"文房四宝"之首的湖笔主要产地。善琏湖笔的制作，一般须经笔料、蒲墩、水盆、结头、装套、牛角、镶嵌、择笔、刻字等12道大工序。制作工匠秉承"精、纯、美"的准则，依循传统手法完成湖笔"四德""五毫"特色	体验+完成作品
绫绢风筝	双林绫绢轻透薄柔，色泽艳丽，手感细腻，光滑怡人。其不仅适宜衣被、舒适贴身、还适宜各类工艺制作。绫绢风筝即是双林特色之一	体验+完成作品
荻港民间丝竹	荻港民间丝竹的历史可追溯到100多年前，所谓"采南浔之丝，载浙北秀竹，传湖地佳音，集弦索精粹，水乡荻港有丝竹者。"其民间丝竹源自清朝年间拜香司，自嘉庆农历正月初八开始，人们参加当地庙会，拜桥神活动，以6人组拜香司，庆贺鱼桑丰收	体验+完成作品
非遗传拓体验	传拓技法发明至今已有1 000多年的历史，它是以纸紧覆金石器物的文字，图案上面用墨打印的一套技法。传拓的对象非常丰富，有青铜器、秦砖、汉瓦、画像砖、画像石、碑刻、石雕、摩崖石刻等，现代创意还有"鱼拓""茶饼拓"等	体验+完成作品

课程目标	教材链接
1. 通过辑里湖丝的体验，深入认识传承国家非物质文化遗产的当代意义。 2. 从一根丝到一个茧再到蚕桑来了解中国丝绸历史的辉煌成就和"丝绸之路"的发展远景。 3. 从辑里湖丝的优质韧性特点观察丝的拉力强度与丝的天然纤维美感。 4. 通过手摇丝车的体验，感悟古代蚕农的聪明才智与勤劳善良	四年级《语文》上册第八单元《口语交际——讲历史人物嫘祖》
1. 通过一支湖笔了解湖笔在中国社会的发展历史中所起到的作用及意义。 2. 湖笔制作工艺名甲天下，它不仅在于湖笔本身而是从原料的区域特点，制作的人文环境，成品的蕴含品质等综合成的意义所在。 3. 通过湖笔"四德"的特色，寓意学习做人的同样标准	五年级《语文》下册第三单元综合性学习《遨游汉字王园》
1. 通过绫绢风筝的体验，深入了解我国古代劳动人民的聪明才智与精妙工艺。 2. 从绫绢风筝开始进一步了解了曹雪芹《红楼梦》中有关知识。 3. 绫绢制作提高创新思维与审美能力	四年级《道德与法制》下册第三单元《美好生活哪里来——我们的衣食之源》
1. 通过考察荻港民间丝竹，了解荻港民间艺人活动及荻港历史民俗民风。 2. 体验荻港民间丝竹，了解我国传统音乐，提高审美能力	
1. 认识古老文明非遗传拓文化，了解清代湖州著名学者陆心源与他的《千甓亭古砖图释》。 2. 与《湖笔歌》石碑近距离接触，了解湖笔历史与现状，感受书法艺术魅力。 3. 亲手体验古老的传拓技艺，深入了解传拓的技艺乐趣，提高动手能力与审美能力	

辑里湖丝

> 课程资源

　　南浔辑里丝（又名辑里湖丝）因产于辑里而得名。辑里（原为淤溪俞塔村）亦名七里，为距离南浔七里路的一个古村。周庆云《南浔志》载："辑里村居民数百家，市廛栉比，农人栽桑育蚕，产丝最著，名甲天下，海禁既开，遂行销欧美各国，曰辑里湖丝。"辑里丝，一是七里村人培育出优良的蚕种——"莲心种"；二是"丝由水煮，治水为先，有一字诀曰"清"，清则丝色洁白。"所以，后来湖州各地都产辑里湖丝，清同治《湖州府志》载"旧以七里丝为最佳，今则处处皆佳，而以北乡丝为正。""凡辑里四周百里之地所产之丝，都名曰辑里丝。"辑里湖丝精于缫丝工艺，在长期的实践中逐渐形成了"细、圆、匀、坚、白、净、柔、韧"等特点。美国哥伦比亚大学教授乞的克在民国十二年（1923）撰文赞扬说："中国丝业，已历四千余年，产额消耗，均极浩巨，丝质之佳，冠绝世界。七里丝者，手缫之丝也，新茧成丝，未经薰蒸，故光泽鲜艳，韧力富足，此乃七里丝之胜于厂丝也。"

　　湖州从宋代蜚声海内，至清末到民国前期"冠绝世界""独霸全球"。据统计，在国际上3次、全国会展中3次取得数十项殊奖，并2次在万国博览会得到好评。为"世界丝绸之源"在其鼎盛时期树起了很多丰碑，掀起耀眼丝绸之花。

（1）辑里湖丝是指哪个区域，鼎盛于哪段历史时期？

（2）从缫丝的体验，对你有哪些启发？

（3）湖丝能夺"世界之冠"，湖州又称"世界丝绸之源"。这两者有什么关联，与湖州地域有什么联系？

（4）寻找与"丝"谐音的字并组词。

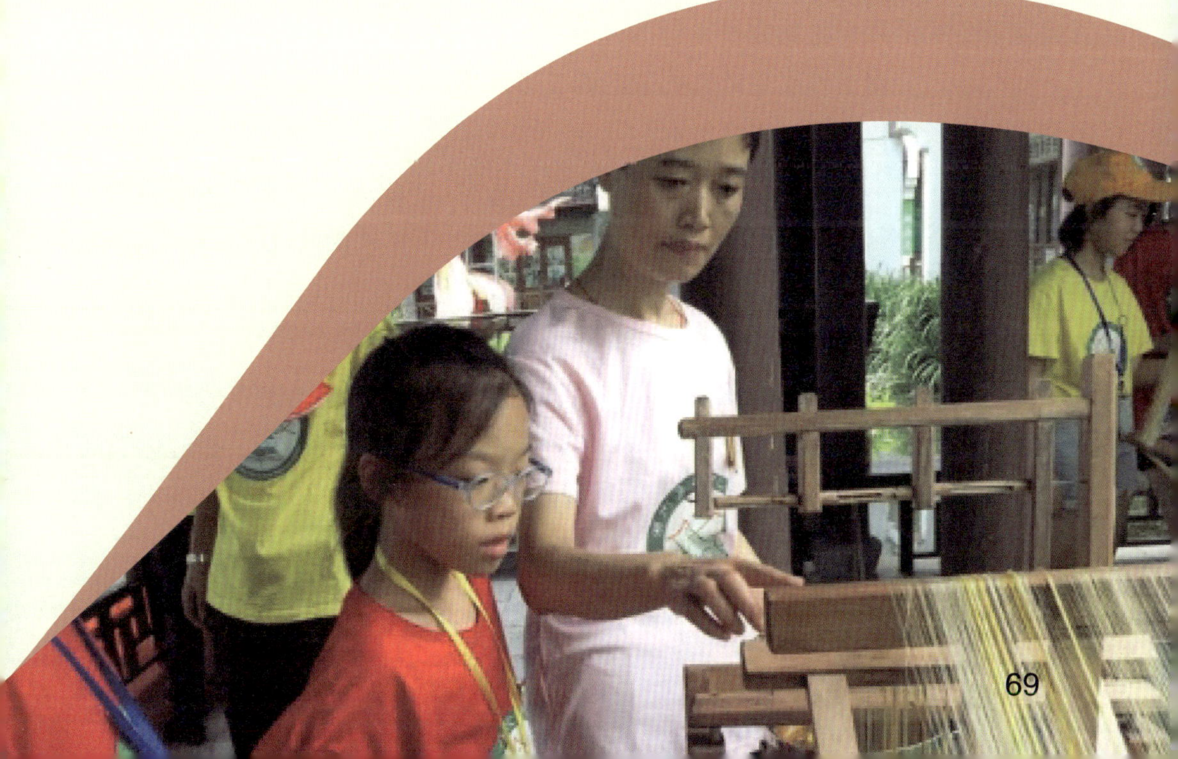

活动导航

先观看视频,再进行如下操作。

第一步,我们拿一个茧子来体验一下 5 000 年前嫘祖到底获得怎样的灵感,才使她开创了这项千秋功业。

第二步,把蚕茧外层毛茸茸的茧衣剥干净,然后放在水里煮沸,五分钟,边煮边搅,让丝胶快速溶解在热水中。

第三步,等水稍凉就可以捞起蚕茧寻找丝头了,找到丝头后把丝头绕在铅笔杆子上,让茧子依旧泡在热水里,你轻轻转动铅笔杆,茧丝就慢慢绕了上来。这时,茧子会随着笔杆的转动在水里翩翩起舞,顿时,你忽然发现世界上最原始的缫丝就这样开启了。

第四步,辑里湖丝为什么能夺"世界之冠",你可做个小试验,把铅笔上的丝放出来,你发现丝的韧性极强,这一根细细的丝可穿进6个铜版,提醒你手别发抖啊!根据科学的数据,蚕丝能承受的拉力可达35～44千克／平方毫米,是所有可利用的天然纤维中强度最大的,只比同样粗细的钢丝强度略为逊色。

第五步,体验缫丝车手摇缫丝的感受。

辑里湖丝

知识导航

明人宋应星著《开工天物》为古代农艺学和工艺学的综合性科技著作。"天工"表示自然的力量,"开物"表示人力对自然的开发利用,二者相合,表达了天人合一,人天协调的唯物主义哲学思想。书中介绍了缫丝及其工具,可见蚕丝业在古代农业中的地位。

我国在原始社会已有缫丝,进入文明社会后缫丝技术有了发展,从蚕茧牵引出丝绪,把丝绕到框架上形成丝绞。到了唐代,缫车的名称才在诗句中有见。宋代的缫丝技术发展较快,缫丝车也有较大的改变,到了明清以后,湖州的辑里湖丝"独霸全球"。

"缫"字读"sāo",它的意思就是把蚕丝从蚕茧中抽绕出来。缫丝的工艺过程包括煮熟茧的索绪、理绪、茧丝的集绪、拈鞘、缫解、部分茧子的茧丝缫完或中途断头时的添绪和接绪、生丝的卷绕和干燥等。

成语"千头万绪"的"绪"字《说文解字》:"绪,丝端也。"中国的汉字与"丝"有关联的不少,据考,甲骨文就有10多个绞丝旁。而《说文解字》有268个字带绞丝旁,如经、纬、红、绿、绫、绢、编、织等等。到清代《康熙字典》绞丝旁的字达380多个。由此可见,中国人的生活与丝绸密不可分。

湖笔制作技艺

> **课程资源**

　　湖笔制作自晋代开始起源于善琏。善琏镇称为"中国湖笔之都",是"文房四宝"之首的湖笔主要产地。

　　传说史上秦代蒙恬将军为"湖笔之祖",善琏于清代光绪年间在镇西建了蒙公祠,后几经修建,现建筑为歇山顶,飞檐翘角,正殿四周有廊,均有石质护栏,古雅幽静,独具特色。旧时每年农历三月十六和九月十六是笔祖蒙恬和笔娘娘的生日,当地笔工举行"蒙恬会",后逐渐形成为善琏湖笔文化节。2001年湖州市政府举办了第一届"中国湖州·国际湖笔文化节";建立了"中国湖笔博物馆";2006年"湖笔制作技艺"被列入国家级非物质文化遗产保护名单。

　　善琏湖笔的制作,一般须经笔料、蒲墩、水盆、结头、装套、牛角、镶嵌、择笔、刻字等12道大工序,每道工序又有若干道小工序,整个制作工艺流程将达120道工序。在众多工序中以"择料、水盆、结头、择笔"4道工序要求最高,最为讲究。特别是水盆和择笔,主要工序由技工专司,选料精细,制作精工,尤其讲究锋颖。制作工匠秉承"精、纯、美"的准则,依循传统手法完成湖笔"四德""五毫"特色。湖笔以其悠久的历史、精湛的技艺和独特的品质,彰显了古法智慧,在国内外赢得了崇高的声誉。

思考题

（1）湖笔制作的体验给你印象最深的在哪方面？

（2）湖笔"四德"的特点与你平时学习、生活有哪些联系？

（3）随着社会的发展你认为湖笔在今后的学习工作是否需要继续使用？

知识导航

　　湖笔素有"湖颖之技甲天下"之说,唐代诗人白居易曾有"千万毛中选一毫"的诗句赞美湖笔的精工细作,现代诗人郭沫若也以"空谷幽兰"来比喻湖笔之美。书画大师潘天寿曾用湖笔写下"尖齐圆健"并题画来歌颂湖笔"四德"。湖笔选料讲究,工艺精细,笔工以"四德"标准来鉴别每支笔。①尖:指笔锋尖如锥状;②齐:笔锋撮平后,齐如刀切;③圆:笔头圆浑饱满;④健:笔锋挺立,富有弹性。湖笔制作原料以羊毫为主,史上有"五毫"之说,即羊毫、狼毫、紫毫、兼毫、鸡毫五大类。分别取自山羊毛、黄鼠狼毛、野兔毛、兼并毛(羊与兔)及鸡绒毛。"五毫"原料在制作中分别称为软毫(柔毫)和硬毫之分。其中,羊毫、鸡毫的毫性柔软圆糯,属软毫;狼毫、紫毫性硬,有弹性,属硬毫;兼毫则兼具软毫硬毫的特点。现在科技发展,化纤原料品种繁多,湖笔制作也添加不少化纤毛料,但湖笔的精品制作仍以羊毫为主,数百年传承的"玉兰蕊"湖笔品牌至今经久不衰。

湖笔制作技艺

活动导航

1. 要了解湖笔制作工艺必须从原料开始

湖笔的特色是羊毫笔，那么，我们先去看一下湖州山羊的生活场景。为何羊毫笔名甲天下呢？因为湖州山羊吃的是桑叶。你想想，蚕宝宝吃桑叶吐出来的丝如此柔软光亮，那么山羊吃桑叶后身上长出毛就不一般了。你可体验喂山羊吃桑叶的场景。

2. 亲手体验

当你知道羊毫即山羊毛后，我们一起去专访湖笔制作老传人，并分组轮流体验制笔水盆、结头、择笔、刻字等工艺。你该认真听，仔细做，这样才能知道"功在一毫"的湖笔精美之处。

3. 刻字留念

湖笔制作完成后，请老传人帮你在这支笔上刻上你的名字，带回家作为体验纪念，珍贵无比啊！

4. 了解《湖笔歌》

"文房四宝、湖笔首要"这是中国书法家协会会员、湖州笔道艺术馆馆长王似锋所创作的《湖笔歌》中最前面的八个字。王老师用湖笔写下《湖笔歌》千余字，并刻成石碑，全文四字一句，你能往下读出来吗？

 # 湖笔歌

文房四宝，湖笔首要。千秋著史，管城酬邀。
科举取士，翰墨留芳。齐家治国，笔以载道。
笔之溯源，五千岁朝。石器岩壁，朱迹片陶。
笔描刻写，龟甲殷商。战国颖毫，问世最早。
木杆周围，裹扎兔毫。锋坚而挺，简牍妙造。
其时笔名，语不同标。楚地称"聿"，"不律"吴宝。
燕国曰"弗"，秦"笔"统号。笔之祖传，蒙恬所造。
纳毫入管，含墨足饱。鹿柱羊被，谓之苍毫。
毛锥古制，形如笋状。锋短而粗，落纸娇娆。
又似兰花，玉洁素苞。样式葫芦，刚柔兼妙。
杆顶削尖，簪笔便巧。"白马""史虎"，管刻隶刀。
汉代管饰，华丽端庄。象牙缀珠，黄金镂雕。
镌描山水，人物花鸟。龙凤祥云，异珍宝藏。
颖毫原料，品类繁茂。古采兔毛，今取羊毫。
马鹿獾狼、各具优效。狐狸鼠须，力透纸表。
偶集鸡毛，名士挥扫。人须茅草，异制点缭。
诸葛宣笔，盛誉唐朝。无心散卓，宋人至宝。
颖技高超，四海首翘。吐蕃朝鲜，东瀛仿造。
笔都善琏，魏晋之源。男主修笔，水盆女擅。
千毫万管，寓繁于简。博采众长，朝夕精研。
时代入元，应科笔冠。子昂舜举，三绝光绚。
颖甲天下，名超徽宣。"四德"俱全，尖齐圆健。
毫聚笔尖，锋棱如箭。攒撮均齐，如意流转。
裹束丰圆，含墨饱满。笔腰挺健，心手悠然。
笔德人言，人笔同天。通神明德，以千秋鉴。
学问精尖，见贤思齐。内方外圆，人天行健。
龙须友缘，轩冕才贤。玉堂挥翰，拱璧高悬。
韦诞《笔经》，制笔名传。蔡邕《笔颂》，造微妙赞。
羲献父子，笔势雄逸。吴兴职守，独开生面。
右军爱妻，郗氏书善，鸾凤交舞，女中笔仙。
智永禅师，永欣卅年。退笔成冢，户限为穿。
鲁公真卿，龙骧豹变。三癸韵海，雄风呈现。
陆羽《茶经》，千古文焕。金沙涌泉，太和赏叹。
高闲千文，铁屈银蹯。飘逸厚重，旭素比肩。

东坡居士，鱼跃深渊。五行湖地，墨妙诗撰。
襄阳用笔，出锋八面。苕溪蜀素，流芳万年。
赵氏松雪，万字日练。华贵独帜，翩翩欲仙。
管姬写竹，片楮寸缣。侬我之词，韵事美谈。
海派巨擘，缶庐争妍。宿羊籀鼓，精金百炼。
沈氏尹默，豪厘贯穿。依仁游艺，誉满书坛。
沫若诗函，"一品"歌赞。新韵香远，空谷幽兰。
寿者劲健，情执"石獾"。《试笔图》展，真气浑然。
松石延年，谭翁澄园。江南一擘，墨重笔酣。
新我左臂，异峰凸显。情高韵远，意足神完。
麻毛宋笔，启功执恋。"元白"妙制，又开新篇。
笔都藏龙，巧手著功。其事欲善，利器先通。
仲璋进中，举世良工。枣心兰蕊，宋元称雄。
日新沈氏，均显杨公。陆氏父子，文宝继翁。
阿牛文用，御笔孝宗。天锡兴源，集元非同。
现代工艺，绍古扬弘。国礼颖制，梅珍心用。
美芳平妹，择刻广诵。非遗承人，昌明任重。
笔随时代，标定其中。传统字号，明辉耀宗。
一品"天官"，夺金耀荣。戴月轩笔，京城赞颂。
杨二令堂，海上群拥。芝岩松泉，苏杭情钟。
诸中书君，文士皆宠。心师造化，捷巧变通。
五指执笔，自然轻松。永字八法，万象立胸。
"点"侧卧笔，坠石意同。"横"画谓勒，涩行锲送。
"竖"笔曰弩，胸挺肩耸。"钩"古名趯，左挑锋纵。
短"横"语策，策马跃踊。长"撇"字掠，姿态雍容。
短"撇"号啄，惊鸟飞鸿。"捺"磔同笔，三折波动。
如锥画沙，屋漏痕踪。使转纵横，天马行空。
织罗点线，变化无穷。超以象外，得其环中。
道场山巅，笔塔耸立。仰观于天，俯察于地。
心正笔正，蒙养浩气。可涤烦襟，有益寿颐。
美谈人间，春秋琦丽。梦笔生花，神予伟器。
天赐灵物，画龙点睛。乾坤笔道，万世归依。

2006年王似锋撰

绫绢风筝

课程资源

  双林绫绢轻透薄柔，色泽艳丽，手感细腻，光滑怡人。其不仅适宜衣被，舒适贴身，还适宜各类工艺制作。绫绢风筝即是双林特色之一。

  传说当年曹雪芹为了救济穷困潦倒的朋友于景廉，随手扎了几个风筝叫他拿去卖，结果风筝被高价售出，很受欢迎。曹雪芹由此想到"将扎风筝的手艺传开，济人以艺"。于是便著成《废艺斋集稿》八卷，记录了身有残疾者用以谋生的各种手艺。其中第二卷《南鹞北鸢考工志》就是指导残疾人做风筝。书中介绍了数十种风筝的扎制图式、口诀以及放飞技巧。因为钦慕曹雪芹为残疾人谋求生计的善心，人们便把这种风筝命名为"曹氏风筝"。

　　原双林绫绢厂就有风筝制作车间，双林绫绢与曹氏风筝的相结合已有数十年的历史。当今又成为非遗传承的最佳组合，重新焕发出生机与活力。精制小巧的蝴蝶，威猛雄壮的苍鹰，鲜艳灵动的燕子等，在绫绢上画出栩栩如生的图案，亮丽鲜明的颜色，将绫绢的柔美与风筝的大气糅合在一起，不仅是具有传统意义上的风筝赏玩，而且成为时代的绝妙工艺品，具有极高的欣赏价值与收藏价值。

知识导航

绫绢风筝是曹氏风筝的传承人在双林颇有影响的工艺作坊。曹氏风筝的创始人就是《红楼梦》的作者曹雪芹。曹雪芹风筝艺术源于曹雪芹所著的《南鹞北鸢考工志》一书，书中融南北风筝扎制技法于一体，集宫廷风筝与民间文化之精粹，详细记载了风筝的"扎、糊、绘、放"4艺，总结形成了软硬双使法，两大开法等43种制作技艺，并绘制了图谱，创作了歌诀，赋予传统风筝深厚的文化底蕴和极高的艺术价值。

绫绢风筝

原双林绫绢厂就有风筝制作车间,双林绫绢与曹氏风筝的相结合已有数十年的历史。当今又成为非遗传承的最佳组合,重新焕发出生机与活力。精制小巧的蝴蝶,威猛雄壮的苍鹰,鲜艳灵动的燕子等,在绫绢上画出栩栩如生的图案,亮丽鲜明的颜色,将绫绢的柔美与风筝的大气糅合在一起,不仅是具有传统意义上的风筝赏玩,而且成为时代的绝妙工艺品,具有极高的欣赏价值与收藏价值。

活动导航

(1)观看绫绢风筝视频。
(2)在成品风筝上画各种不同图案。

思考题

(1)双林绫绢除了风筝制作外,你认为绫绢还可用在什么地方?
(2)绫绢风筝体验给了你哪些启示?

荻港民间丝竹

课程资源

　　荻港地处江南水乡，风光秀丽，经济繁荣，民间传说丰富，耕读文化浓厚，民间娱乐多样，江南丝竹盛行。

　　荻港民间丝竹的历史可追溯到 100 多年前，所谓"采南浔之丝，载浙北秀竹，传湖地佳音，集弦索精粹，水乡荻港有丝竹者。"其民间丝竹源自清朝年间拜香司，自嘉庆农历正月初八开始，人们参加当地庙会，拜桥神活动，以 6 人组拜香司，庆贺鱼桑丰收。

拜香司以荻港民间艺人杨氏家族为主，创办人杨三九受苏州艺人之传，取当地民间小调，集家族丝竹乐人组成乐队，有二胡、中胡、琵琶、三弦、月琴、笛、箫、笙及小锣、响铃、木鱼等打击器乐，以吹、拉、弹、奏等方式，在民间演奏着各种小调、戏曲。2018年荻港民间丝竹成功入选为"浙江省级非物质文化遗产"。

荻港民间丝竹曲调流畅、弦乐动人，深受乡村渔民喜爱，当今传人杨培根自豪地说："丝竹来自民间、简便易行，是荻港重要的民俗文化遗产。"

知识导航

民间丝竹在历史上各地都有历史传承的记载,那为何荻港民间丝竹被列入非物质文化遗产名录呢?也许这"丝"字里面大有文章。湖州桑基鱼塘系统内盛产蚕桑丝绸,尤其以"丝"为"世界之冠"。江南丝竹的乐器中的"弦线"即以"丝"制作而成,所以荻港人对"丝"字情有独钟,渊源深长。

民间丝竹,流行地域以上海为中心,包括江苏南部,浙江西部一带。新中国成立后,成为江南丝竹。江南丝竹旋律抒情优美,风格清新流畅。乐队一般7～8人,少则3～5人。以丝弦乐器和竹管乐器为主,加上一些打击乐器。江南丝竹传统的技法中有你繁我简,你高我低,加花变奏,嵌挡让路,即兴发挥等手法,逐步形成"小、细、轻、雅"的风格特色。这种技法和风格包含了人与人之间的相互谦让、协调创新等深刻的社会文化内涵。

荻港民间丝竹

近 10 年来荻港渔庄对"江南丝竹"进行了大胆创新,并在湖州市鱼文化节和中国农民丰收节中面向国内外嘉宾进行展演,一曲二胡《鱼桑丰收曲》走上 2019 年北京世园会大舞台,反响甚大,意义深远。荻港渔庄还取材荻港农耕车水号子进行再创作后,形成江南丝竹吹打乐《渔乡狂欢曲》,在各大活动中进行表演,深得大众喜爱。

2019 年湖州市第十一届鱼文化节的举行,湖州市少年宫组织 100 名中小学生上台演出二胡齐奏《鱼桑丰收曲》,弓法整齐,气势宏伟,乐曲欢快,一片喜庆。展示出下一代对非遗传统文化的继承与开拓。

活动导航

(1)观看荻港渔庄历届鱼文化节活动视频片段。
(2)听荻港民间丝竹的历史故事。
(3)欣赏二胡演奏《鱼桑丰收曲》。
(4)专访荻港民间丝竹非遗传人,调研民间艺人。

思考题

(1)你能说出荻港民间丝竹的特点吗?
(2)你能读唱以下民间曲谱吗?

3.3 1 2 | 3— | 3·6 5 6 | 5 3 3 | 5·6 5 1 | 2— | 2·3 5 1 | 2 3 2· |

非遗传拓体验

课程资源

传拓技法发明至今已有1 000多年的历史，它是以纸紧覆金石器物的文字、图案上面用墨打印的一套技法。《隋书·经籍志》："其相承砖拓之本，犹在秘府。"就有"传拓"一词，俗称拓片。

拓片可分为干拓与湿拓2类，干拓用普通纸即可，湿拓需用宣纸。湿拓又分为朱、墨2种，朱色高贵、华美、喜庆；墨色庄重、内敛、沉稳。传拓的对象非常丰富，有青铜器、秦砖、汉瓦、画像砖、画像石、碑刻、石雕、摩崖石刻等，现代创意还有"鱼拓""茶饼拓"等。我们小时候常用铅笔在硬币上覆纸擦出痕迹，就是传拓的入门。

所以，今天的传拓技术已不再是深藏闺中，而以一种艺术欣赏，普及体验的方式在广众中传播，尤其对当今中小学生的研学旅行实践教育活动具有重要意义。

（1）请说一说什么叫"传拓"？

（2）除了古代的文物传拓外，你认为还有哪些器物也可传拓为艺术品？

（3）通过传拓体验，给你印象最深的是哪些内容，这些内容带给你哪些启示？

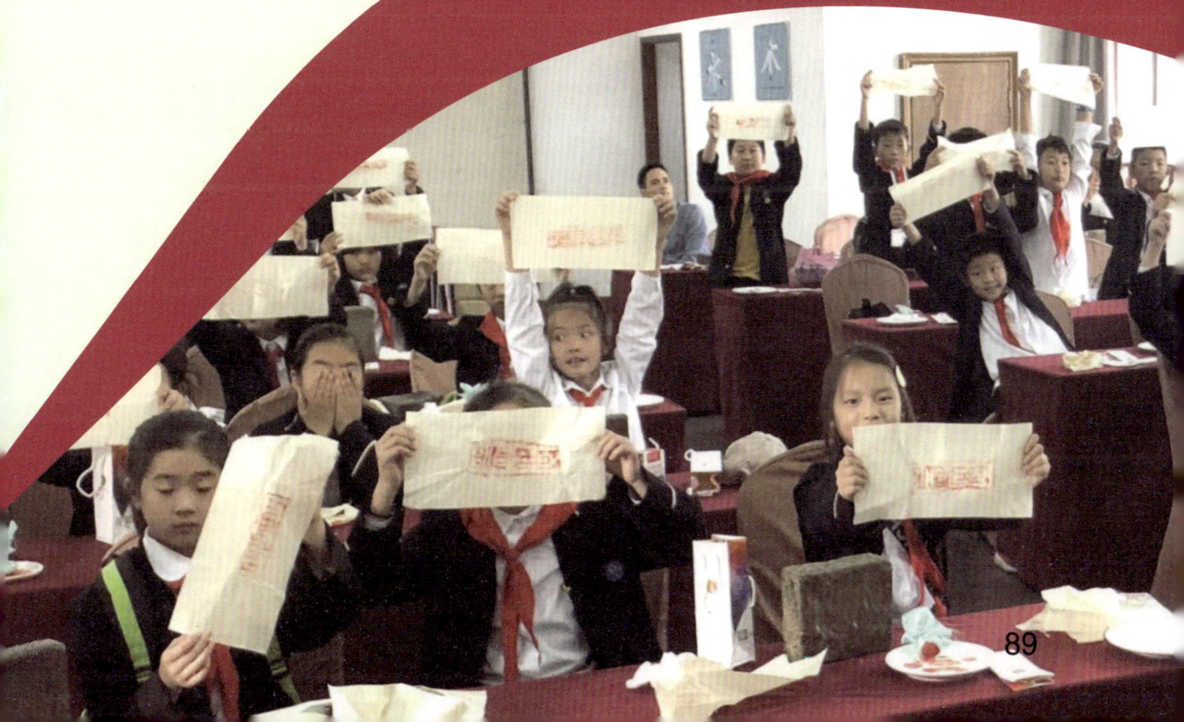

活动导航

（1）参观荻港渔庄内的汉砖墙景与石碑，观看传拓视频，引发学生对传统文化的浓厚兴趣，让传拓技艺在青少年身上得以传承与发展。
（2）分组进行石碑与汉砖的传拓体验。
（3）指导老师分别进行各组的传拓示范及辅导，在其过程中可进行师生问答互动。
（4）按要求传拓完成后可在纸的空白处签名或题字，以作留念。
（5）进行成果展示和交流。

非遗传拓体验

知识导航

当今时代，虽然摄影技术已非常普及、发达，但非遗传拓仍有它不可取代的魅力，千百年前，传拓被视作为雕版印刷的雏形，一方古砖或一柱石碑，几张宣纸、几片淡墨，通过布制拓色不断捶按，层层叠加，纸墨之间拓印渐渐显露，这就是中国古代复制和保存文献资料的一种重要方式。通过传拓，使中国文化、文字远播国内外。湖州笔道艺术馆门前石碑《湖笔歌》及馆内珍藏的汉砖是我们体验传拓的极妙内容。《湖笔歌》是中国书法家协会会员，湖州笔道艺术馆馆长王似锋十多年前的撰文，并用行书创作刻成此碑，记述湖笔历史及优势。汉砖是工似锋数十年来的珍藏并进行创意镌刻铭文而成。湖州收藏汉砖已成传统，清代陆心源曾收藏汉砖千百，他在院中建有藏砖小亭，名"千甓亭"，并进行考古研究，编著《千甓亭古砖图释》。对研究古砖及古文字做出了极大的贡献。

近年来，湖州书画界不少专家传承千甓亭优良传统，收藏研究水平达到新的高度。湖州鱼桑文化研学院王似锋突出汉砖上的"鱼"图案为重点的收藏目标，将汉砖与鱼文化紧密联系。他的汉砖收藏数千，分布在荻港渔庄内湖州笔道艺术馆、积川书塾、研学营地及"桑树王"古砖墙和"鱼神坛"墙壁间。

文创课程

一品文创稚子乐

湖州桑基鱼塘系统的研学文创课程立足于传统鱼桑文化为基本元素,融合当今多元文化,整理相关学科,利用不同载体而构建的再造与创新。

▶ [学习导航]

  荻港渔庄十多年来已举办了 12 届鱼文化节和 2 届的中国农民丰收节 · 湖州鱼桑丰收节,积累了不少文化创意项目。十多年来,吸取传统营养,发挥创意者智慧、技能和天赋,借助科技对文化资源进行创造与提升,开发出一批具有独特意义的、原始创意的、深厚内涵的鱼桑文化创意产品。如湖州历史丰碑"丝绸之府"的蚕丝纸,"陶瓷之源"的陶泥鱼,"河蚌珠宝"的蚌壳画,"蚕茧盛地"的蚕茧手工艺,"鱼米之乡"的鱼骨画等。

  荻港渔庄所开发的文创产品不仅仅局限于以往的文创工艺品只是供大众欣赏,而是顺应当今形式,让游客参与创意,自己动手实践体验而完成的一件工艺作品,并且可以把自己的文创成果带回家。正因如此,文创课程深受国内外嘉宾和旅行者青睐,也成为中小学生研学实践教育活动受欢迎的课程。

▶ [文创模块]

文创课程 —— 一品文创稚子乐

课程名称	课程内容	课程形式
鱼骨画	鱼骨画原料主要取材于各种鱼类的骨头。最大的鱼骨是青鱼，而细小骨头各种鱼类的不同部位都有。2019年湖州市第十届鱼文化节中，荻港渔庄创作出一件高3米，宽5米的巨幅鱼骨画。取材于不同鱼类的鱼骨千万根，创意设计名为"鱼化龙"的鱼骨画	观看视频 + 完成作品
蚌壳画	在蚌壳上画画是当今青少年们最喜欢的美术创意，能充分展示人与自然融在一起	观看视频 + 完成作品
蚕丝纸	荻港渔庄在蚕桑专家的指导下，多次探访宣城纸业工匠，经反复实践试验，终于研究开发出精美薄透的蚕丝纸。蚕丝纸在传统宣纸制作的基础上进行创意开发而成	观看视频 + 完成作品
陶泥鱼	陶瓷一直都是中华民族的钟爱之物，而当今陶瓷的制作工艺越来越成熟，陶瓷艺术品也越来越精美。在经济富裕、生活幸福的今天，更多的人喜欢自己动手制作独一无二的手工艺品，在制作过程中享受着愉悦心情，成品可放家中欣赏并作纪念。陶泥鱼制作就会给你带来不一般的体验	观看视频 + 完成作品
蚕茧工艺	湖州桑基鱼塘系统蚕茧无论从数量还是质量上来说都是全国之最。充分利用蚕茧，制作手工艺作品。从创意入手，让学生动脑、动手完成自己喜欢的一件工艺品	观看视频 + 完成作品

课程目标	教材链接
1. 通过鱼骨画的制作了解湖州桑基鱼塘系统的鱼文化历史及渔民的生活环境。 2. 认识鱼的生理结构，了解二十四节气中不同鱼的不同特性。 3. 培养观察能力与综合思考能力，提升创意思维与艺术审美水平	初二《语文》上册，人教版《大自然的语言》
1. 了解桑基鱼塘系统内生物多样性及风土民情。 2. 了解河蚌受生态环境的影响及其对人类的奉献。 3. 体验渔民生活，培养热爱乡土情怀。 4. 充分发挥创意想象，培养动手能力与审美情趣	
1. 了解古代四大发明之一"蔡伦造纸"，增强民族自豪感和对古代劳动人民的实践经验和智慧才能的崇敬感。 2. 通过蚕丝纸体验，了解王羲之《兰亭序》及纸、笔的特征和历史发展。 3. 锻炼动手能力与协调能力，同时培养学生的观察能力、思维能力和创意设计能力	
1. 通过陶泥鱼制作，深入了解湖州桑基鱼塘系统不仅是"鱼米之乡"，还是"陶瓷之源"的宝地。 2. 玩泥巴是孩子们的天性，而学陶艺个仅能开发智力，而且对提高感知力、观察力及创造力有很大帮助。 3. 陶泥制鱼，不仅能凸显地域特色鱼文化，而且可参考古代鱼工艺品，体验先民古朴工艺魅力	
1. 通过体验，了解蚕茧种类、形状、颜色等，并区分"上车茧"与"下茧"。 2. 十指连心，动手能力的加强可促进思维能力的提高。 3. 脑手协调，边做边想，从中感受美的变化，不断获得愉悦的情绪体验	

鱼骨画

课程资源

湖州桑基鱼塘系统河水清洌甘醇,所产溪水鱼生态壮肥,经烹饪后更显味美鲜嫩,而且鱼鲜营养价值高,是周边渔民食疗中的保健膳食良方。荻港渔庄十多年来以鱼文化建设为宗旨,以陈家菜为主导,全面推出鱼食美味,深受国内外嘉宾及游客喜爱。

吃鱼成了人们来荻港渔庄的首选。据科学测定,鱼肉的蛋白质含量 15%～20%,人体消化吸收率可达 87%～89%,鱼体的脂肪含量 3%,其中矿物质、维生素含量也比较多。

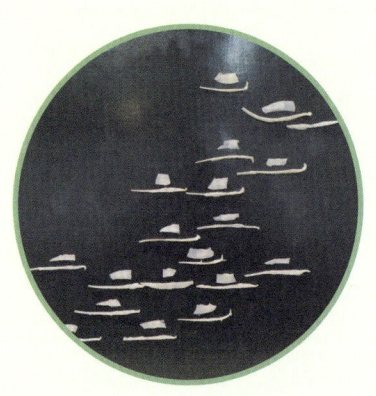

民间传说,清乾隆皇帝喜欢吃鱼。在一次新科进士殿试中,问鱼的哪个部位最好吃。其中赵进士说鱼尾,孙进士说鱼背,李进士说鱼肚,他们各持一端,争执不下。此时乾隆皇帝传唤湖州籍进士上殿。那进士侃侃而答:"春天暖洋洋,鱼儿肥头,鱼头鲜美;夏天热火火,鱼尾肥,鱼尾好吃;秋天鱼爱嚎(浮出水面吸氧),鱼肥背脊壮,背脊肥鲜嫩;冬天鱼藏河底,鱼儿肥肚皮,肚膛最好吃。所以湖州人吃鱼的经验是'春吃鱼头夏吃尾,秋吃背脊冬肚皮。'"乾隆皇帝一听,忍不住赞叹:"湖州人吃鱼真是门槛精啊!"

鱼骨画

知识导航

鱼骨画原料主要取材于各种鱼类的骨头。最大的鱼骨是青鱼，而细小骨头各种鱼类的不同部位都有。平时吃鱼时一不小心会卡住喉咙的细鱼骨也是作画的好材料。

荻港渔庄 10 年来吃鱼数万吨，鱼骨不计其数。2019 年湖州市第十届鱼文化节中，荻港渔庄创作出一件高 3 米、宽 5 米的巨幅鱼骨画。取材于不同鱼类的鱼骨千万根，创意设计名为"鱼化龙"的鱼骨画。远近游客见此惊叹不已，都说从未见过的这样题材和手法的鱼骨画。此画还在中央电视台播出，全国各大媒体也作了宣传。

鱼骨画制作，可以采用不同季节所吃鱼的骨头大小而进行创意设计，所以我们需要了解不同季节的鱼。

湖州民间曾流传一首《十二个月吃鱼民歌》

鳝长鳅短鲶宽嘴，龟圆鳖扁蟹无头；
一曲渔歌贴浪飞，十二个月唱到头。
正月鲤鱼讨口彩，跳出龙门好运来！
二月银鱼丝白嫩嫩，炒蛋白玉嵌黄金。
三月三，桃花鲈鱼上岸滩，菜花鲫鱼跟着来。
四月白鲢半尺长，爱搭包头鱼扎闹猛。
五月逆鱼满盆装，黄鱼蒜头过端阳。
六月浮头鯵鲦鱼来聚阵，小暑黄鳝赛人参。
七月温煞草鱼水面躺，黑鳢头搅籽做亲娘。
八月鲆（鳜）花鱼爱水清，稻花鳊鲅带罨（yǎn）炖。
九月鳗鲡滚滚壮，九雌一雄河蟹香。
十月鳊鱼傍芦苇，大嘴巴鲶鱼吃弯转（虾）。
十一月河蚌淤泥里钻，泥鳅虽滑被鸭吃。
十二月里干鱼荡，家鱼野鱼齐落网。
雪花飘飘年来到，炒鱼烧肉喜洋洋。

活动导航

（1）观看鱼骨画制作研学科教视频。

（2）通过视频了解鱼骨画制作后，指导老师与学生进行问答互动。

（3）根据不同季节鱼骨的材料进行鱼骨的筛选，边选边思考你所创意的题材需哪些形状的鱼骨。

（4）鱼骨选好后可先在画板上试放鱼骨图案，边放边修改，待图案满意后再可用胶水粘上。切记！不可太急，图案需反复修改以达到最佳效果。

（5）鱼骨画制作完成后题上自己姓名及画的名称。
好！这时你的鱼骨画完成了！

思考题

（1）请简单画出鱼骨结构图并注明鱼骨名称。

（2）说一说二十四节气中哪月吃什么鱼最好？请例举两个月份。

（3）通过鱼骨画制作对你有哪些启示？

101

蚌壳画

课程资源

湖州桑基鱼塘系统自然生态得天独厚，是全国著名的淡水鱼生产基地。河漾遍布，鱼塘水碧，平均水温在 17℃以上，不仅适合鱼类生长，同时也适合浮游生物如螺蛳、黄蚬、河蚌等繁殖。明《湖州府志》载："昔有渔者见溪上有光，伺之。见大蚌，光从中出，故名。"这是古人对珍珠河蚌的发现。清郑元庆《湖录》记："蚌类甚多，其有珠者，名曰溪蚌。土人于七月中，沿溪淘摸，百十中或得一有珠者。……通名曰湖珠。"清伍载乔《雲溪棹歌注》："菱湖擅鱼菱之利，兼种蚌珠为业。"

　　南太湖一带多湖泊荡漾，水域中营养丰沛，微带流水，生态环境极佳。河蚌通常喜在水底泥沙中生活。常成片或成带地群集在一起，习惯于浅水、流动清洁的肥水。干旱抵抗能力也较强，不善运动，如活动大多在夜间、阴天。在此环境下，河蚌肥大强壮。清吴玉树描写："若溪一道西南来，千汇百脉从东开。……沿溪有蚌大于箱，春始胎生溪水香。……太守清廉吏无事，蚌胎肥脆珠光圆。"由此可见，湖地河蚌产业历史悠久。20世纪末，荻港一带河蚌育珠又掀高潮，各种形式的河蚌育珠场再现辉煌。

蚌壳画

知识导航

据《本草纲目》记载：河蚌"甘咸冷无毒"，能"止渴除热、解毒酒，去赤眼，明目除湿。"荻港民间也流传着"春天喝碗河蚌汤，伏天不生疮。"可见河蚌肉有祛病疗疾，增强体质之功效。蚌壳可提制珍珠层粉，具有清热解毒、明目安神等功能，还可加工成动物性高蛋白饲料。

蚌壳还可加工成各种工艺品，最常见的就是制成衣服用扣子，还有的用于手表的内衬，色彩亮丽，天然华贵。在蚌壳上画画是当今青少年们最喜欢的美术创意，能充分展示人与自然的融合和创造。

活动导航

（1）观看蚌壳画研学科教视频。

（2）通过视频了解蚌壳后，指导老师与学生进行问答互动。

（3）蚌壳画取材河蚌之壳，把鲜蚌中肉取出再把蚌壳分成2片，分别洗净擦干，并进行打磨光洁才可画画。

（4）常用河蚌内面画，因光洁易上色。颜料最佳用丙烯颜料，不易褪色。通常用水粉颜料也行。

（5）蚌壳画可先用铅笔勾画出自己创意的图案，也可按照样板进行描绘。图案画好后才可填色。

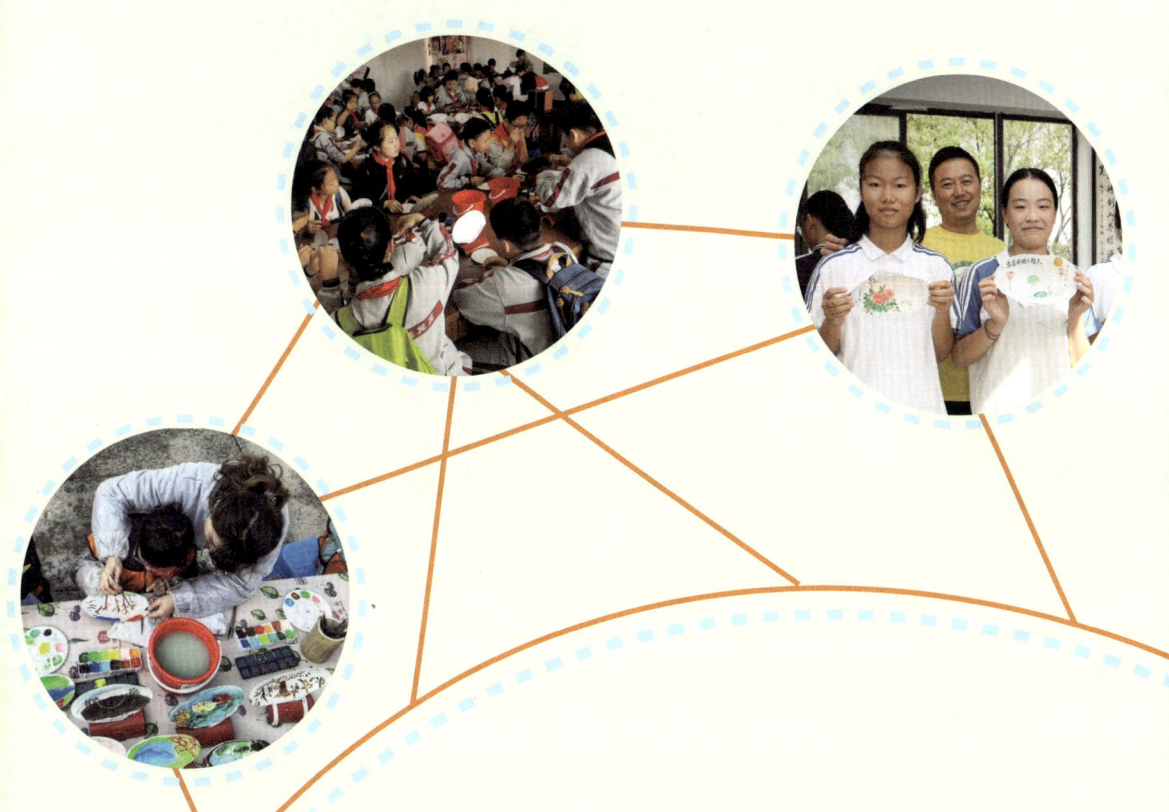

（6）填色先可浅色，然后慢慢加深。画笔蘸色不要太多，避免涂出边界。如有画画基础的，可以调色出丰富多彩的图案。

（7）画画的题材也很重要，要充分发挥出你的创意哦！

小小蚌壳画在同学们的妙手中变废为宝，大放异彩。小蚌壳大世界，同学们在蚬壳上画上自己心中美丽的世界，画上家乡美丽的景色，画上桑基鱼塘可爱的鱼儿……让蚌壳变成独一无二的艺术品。

附：初高中学生在作画前期可增设活动

（1）考察桑基鱼塘并下水寻找河蚌，体验农耕生活。

（2）清洗河蚌并进行解刨，探秘河蚌腹中生理状态。

（3）再次清洗蚌壳并打磨光滑。

思考题

（1）河蚌的生存需要哪些环境？

（2）通过蚌壳画创作，你认为蚌壳还可有什么用途？

（3）第一次画蚌壳画，你有哪些从未有过的感受？

蚕丝纸

课程资源

纸是中国"四大发明"之一,是古代劳动人民经过长期实践,后代累积经验和发挥智慧的成果结晶。东汉时期,蔡伦改进了造纸术成为人类文明史上的一项杰出发明。相传汉代用蚕茧壳制成的纸,取其洁白缜密。东汉许慎在他编写中国第一部条理清楚、体系分明的字典《说文解字》里说到"纸"的来源:纸从系旁,也就是"丝"旁。这句话可见当时的纸主要是用绢丝类物品制成的。南朝宋刘义庆《世说新语》载:"王羲之书《兰亭序》,用蚕茧纸、鼠须笔,遒媚劲健,绝代更无。"

倒浆

捞纸

清郝懿行《证俗文》卷七:"若乃古之名纸有侧理纸、蚕茧纸。《世说》纸似茧而泽也,王右军书《兰亭记》用之。案今高丽纸以绵茧造者。"说明古代造纸与"丝"有着千丝万缕的关系。

湖州桑基鱼塘系统蚕桑业发达,尤其盛产湖丝,晋朝王羲之曾来湖(吴兴)任太守。也许,王太守当年写《兰亭序》的纸与湖丝盛地也有联系。可惜"蚕茧纸"后来失传,又无记载考证。近年,荻港渔庄在蚕桑专家的指导下,多次探访宣城纸业工匠,经反复实践试验,终于研究开发出精美薄透的蚕丝纸。

定型

蚕丝纸

知识导航

钱山漾遗址出土文物中发现丝片，距今 4 400 年历史，而我国四大发明之一的"纸"，正与"丝"有密切的联系。考古专家说的丝片是否就是纸片呢？值得思考与研究。如果是纸片的话，那么湖州纸的历史也需要添加浓浓一笔。

荻港渔庄近年研制的蚕丝纸在传统宣纸制作的基础上进行创意开发而成。传统宣纸纸浆是以某些植物的原料加工而成的，是造纸的基本原料，有茎干纤维类、韧皮纤维类、种毛纤维类和木材纤维类。其中以木材纤维类最为重要，蚕丝纤维进行脱胶细绞，添入其中，让纸浆和蚕丝溶合均匀，使纸浆中的纤维分丝和帚化能够交融成具有一定强度的纸张。

活动导航

（1）观看蚕丝纸制作教学视频（5 分钟）。

（2）观察指导老师讲解并示范蚕丝纸制作流程（小学低年级）。

（3）由指导老师讲解蚕丝纸相关知识并进行提问互动（小学中高年级）。

（4）由学生体验蚕丝纸制作流程。

①捣浆：顺时针捣 20 下左右，让纸浆和蚕丝混合均匀，目的是使纸浆中的纤维分成细小的丝，能够交融成具有一定强度的纸张。

②捞纸：纸浆纤维游离悬浮于水中，先将捞纸竹帘竖直浸入纸浆桶，待在水中放平后慢慢捞起，让纤维均匀地平摊在竹帘上，形成薄薄的一层湿纸页。

③定型：让水沥干，使湿纸具有一定的强度，然后放在烘纸板上，慢慢将竹帘掀起完成。

④烘干：湿纸放在烘纸板上温度不宜过高，否则纸页容易起皱和脆裂。待纸烘干后轻轻取下即成蚕丝纸。

（5）蚕丝纸再创意为工艺品制作（初高中学生）。

在自制的成品蚕丝纸上书写或画成一幅书画作品。或充分发挥想象，室外摘取野花小草，创意粘贴成一幅鲜花图案并题字塑封，成为一件精美的工艺作品。享受自己的劳动成果，与老师同学一起分享收获的喜悦。

思考题

（1）古代造纸是谁发明的？

（2）《兰亭序》是谁写的，写在什么纸上？

（3）你做了一张蚕丝纸有什么启示和意义？

陶泥鱼制作

知识导航

陶瓷英文大写 CHINA 是"中国"的意思,说明世界陶瓷自然与中国联系在一起。而讲起陶瓷,当今人们最熟悉的是江西景德镇。那么陶瓷的历史究竟有多长,它的起源又在哪里?我国陶瓷界知名专家,现年 90 多高龄的耿宝昌先生认为,浙江湖州德清发现的早期窑址,让大家对中国瓷器有了新的认识。

  在 2018 年底，故宫宝蕴楼举办了全国第四届"瓷之源"学术研讨会。会上一致认为，以湖州德清为代表的东苕溪流域先秦时期原始瓷窑址群，最早可追溯到商代早期甚至更早。这一时期的窑址，无论是产品的胎、釉、成型技术，还是窑炉的装烧工艺，既有成熟性，又有原始性，具有瓷器早期形态的特征，是真正意义上的"原始"瓷。为探索瓷器起源和中国瓷器发展史提供了重要的实物资料。"瓷器之源"足以证明湖州桑基鱼塘系统的先民们的聪明才智及勇于求索的精神。

陶泥鱼制作

知识导航

辉煌的瓷之源，带来了悠远的历史沉淀；青脆的瓷之声，传来了激荡的时代宏音。

陶瓷一直都是中华民族的钟爱之物，而当今陶瓷的制作工艺越来越成熟，陶瓷艺术品也越来越精美。在经济富裕、生活幸福的今天，更多的人喜欢自己动手制作独一无二的手工艺品，在制作过程中享受着愉悦心情，成品可放家中欣赏并作纪念。陶泥鱼制作就会给你带来不一般的体验。

怎样才能完成陶泥鱼制作呢？

第一，要选择好的陶泥，并根据鱼的造型大小取出陶泥量，然后添加适当水进行敲打匀实。

第二，根据鱼的长短需要把陶泥用手捏成长条。然后，压扁横起，再以鱼的造型进行修补。

第三，用陶泥粘贴鱼的嘴巴及鱼鳍。然后，在陶泥鱼的底部刻上自己的姓名。

第四，待陶泥鱼干透后，放入电炉高温烧制。

活动导航

（1）同学们，在你制作陶泥鱼之前，先请大家一起观看陶泥鱼制作研学科教视频。

（2）通过教学视频让学生初步了解制作方法，然后由指导老师根据视频内容知识与学生进行问答互动。

　　（3）同学们现已知道陶泥鱼是怎样制作的，接下去就可以自己动手了，先看老师做示范，掌握要领。制作陶泥鱼不能急，需一步一步进行。

　　（4）你有没有看见自己桌上的小块陶泥？这就是给你制作鱼的材料。请先把陶泥放桌上轻轻敲打，让陶泥结实紧密，以防陶泥中有空隙而产生裂缝。当心敲在自己手上哦！

　　（5）陶泥敲紧密后再把泥捏成你想做成鱼大小的长条，然后横放长条把鱼头鱼尾形状雕塑成型，最后再粘上鱼嘴、鱼鳍。

　　（6）好了，你看看这就是你所制作的陶泥鱼作品了，为了防止与其他同学的鱼搞错，请你在鱼的底部刻上自己的姓名。

　　（7）待陶泥鱼干后，可进炉高温烧制约 10 小时，等到完全冷却后才可带回家哦。

思考题

（1）"陶瓷之源"起源于什么地方，距今多少年？

（2）湖州桑基鱼塘系统内历史上还有什么物产发源于此地？

（3）陶泥鱼制作给你带来哪些收获？哪些体会？

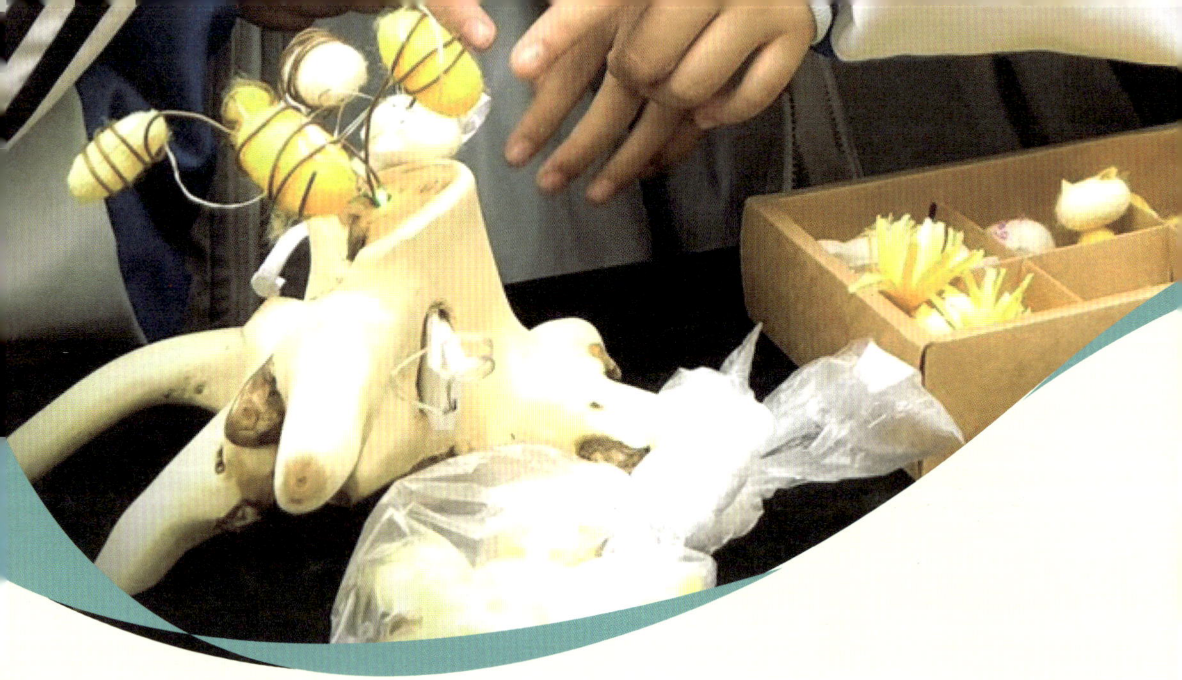

蚕茧工艺

课程资源

湖州盛行蚕桑，自古以来就流传着蚕桑利大的概念，人们认为"蚕好家好"。所以桑基鱼塘一带农民把养蚕收茧看成"生计所资，视田几过之"的产业。数千年来湖州养蚕，到了明清时期更为盛行，当时的蚕宝宝要做茧时，湖州蚕农创作出蔟具名称"伞形蔟""湖州把"，让蚕宝宝爬上去做茧，称为"上山"。这方法一直沿用至今。另有蚕宝宝上蔟用的名"蜈蚣蔟"，一条条长长的，民间称"草龙"。蚕宝宝爬上"草龙"寻找自己合适的地方静静地吐丝结茧。

　　茧的质量分两类，一是"上车茧"，是指能够上缫丝车缫正品丝的茧，包括正常上茧和次茧。二是"下茧"，下茧是指有严重疵点，不能或很难缫正品生丝的茧。比如：双宫茧，茧内有两粒或两粒以上的蚕蛹，茧比常规的"上车茧"大。口茧，是茧层有孔，包括蛾口、鼠口、削口等。尿黄茧，蚕尿深入茧层1/3以上。靠黄茧，污斑深入茧层 1/3 以上或污斑总面积超过 1 平方厘米以上。所以湖丝的缫丝茧是精选优质茧，而下茧则可用于其他。当然，蚕茧手工艺用茧须看创意，也许遇上聪慧高手，下茧也许能手制出绝妙工艺品。

蚕茧工艺

知识导航

湖州桑基鱼塘系统蚕茧无论从数量还是质量上都是全国之最。但蚕茧手工艺的制作用茧，我们还是根据实际需要而定，用茧不需太多，质量也不一定要用"上车茧"，主要看蚕茧的形状、颜色、大小与工艺制作时的适宜为准。

一般来说，蚕茧的形状呈长椭圆形、椭圆束腰形、球形或纺锤形等不同形状，或中部稍缢缩。茧的颜色有白色、淡绿色、黄色和肉红色等多种不同色彩，清纯鲜丽、丝丝透亮。茧的大小长3～4厘米，直径1.7～2.1厘米，有不规则皱纹，质感精致。茧表层附着一层蚕丝，呈绒毛状。

手工艺制作用具很重要，每人需备一把剪刀、美工刀，一盒水彩笔，各类装饰用品（各色布、亮片、小铃铛等），还需双面胶、胶枪等。

蚕茧手工艺制作作品构思很重要，但更重要的是使用剪刀、美工刀时的安全及胶枪使用的方法。小小一粒茧需要你动刀动枪，那必须随时小心，注意安全。

彩茧

活动导航

（1）参观蚕茧手工艺制作作品。
（2）观看蚕茧手工艺制作视频。
（3）指导老师与学生问答互动，然后开始制作。
（4）按不同年龄年级进行不同手工艺作品辅导。如低年级制作小金鱼，中高年级制作小猪、小猴等。如中学生以自己创意为主。
（5）作品完成后分组进行交流或评比。

思考题

（1）根据蚕茧的形状，你能创意出多少个手工艺品，请具体说一说。
（2）蚕茧制作工艺品外，其他还有哪些用途？
（3）湖州是"世界丝绸之源"，那么，你是否知道蚕茧最早年代距今多少年了？

植物课程

一树一果桑陌间

桑基鱼塘系统自然生态环境优越农植物丰富茂盛，其百里桑园碧绿成荫，清丽池漾红菱鲜美，十里长廊桑果丰硕，荷塘鱼水小船悠悠，自古鱼桑文化，充满诗情画意。

▶ [学习导航]

中国农业有万年以上的发展历史，"国以农为本，民以食为天"成为国人的共识。我国劳动人民在长期的生产实践中创造和积累了丰富的农业科学技术经验。17世纪以前，我国的农业科学技术一直居于世界前列，17世纪之后传统农业科学技术仍向纵深发展。19世纪，西方实验科学传入我国，近代农业科学技术在我国得到发展。湖州桑基鱼塘系统在我国农业科学发展史上的一颗闪亮明珠，为世人瞩目。元代诗人戴表元有诗："张帆出东郭，沽酒问南浔。画屋芦花净，江堤柳树深。渔艘齐泊岸，橘市尽成林。吾道真迂阔，浮家尚越吟。"桑基鱼塘依托天目山之胜，揽太湖苕溪之秀，是江南得天独厚的水乡泽国。自古以来，先民就在这块土地上耕种、养殖、渔猎、生息。被世人赞誉为"丝绸之源、鱼米之乡、文化之邦、湖笔之都"。

▶ [植物模块]

植物课程——一树一果桑陌间

课程名称	课程内容	课程形式
果桑长廊 五彩隧道	湖州桑基鱼塘系统访问中心荻港渔庄景区内植物繁多，鱼塘遍布，而最吸引人驻足观赏之处是一条果桑长廊。每至春季，绿树环绕长廊攀沿而上，宛如碧玉隧道，走入隧道，长廊桑葚挂满树枝，白玉、素红、翠绿相交，色彩斑斓，令人陶醉。长廊周边鱼塘相依，生态塘鱼逍遥悠游，形成当今时代的桑基鱼塘新气象	参观+体验+讲座
采菱乐	湖州桑基鱼塘系统核心保护区内一片平原田园风光，沟渠整齐，塘圩高宽，桑树茂密，稻谷飘香，遍地植物丰富，菱湖水红菱即是特产之一	参观+体验+讲座
荷塘采莲	湖州桑基鱼塘系统湖泊与江河相通，溪绕茗城，遥睇无际。水质肥沃，岸多洲滩，为荷花的生长提供了一个良好的生态环境	参观+体验+讲座
百桑园	"百桑园"集全球各个国家不同桑树系统的桑树达三百多种，走进园区，不同树形、不同树叶、不同树色的桑树千姿百态，错落有致，可谓进入桑树"联合国"	参观+体验+讲座

课程目标	教材链接
1. 通过考察"果桑长廊",了解桑葚的生态环境。 2. 认识桑葚的经济价值和营养价值	六年级《道德与法治》下册第四单元第八课《科技发展造福人类》
1. 通过考察菱塘,了解桑基鱼塘系统水生植物的多样化。 2. 体验采菱,认识菱的植枝特点与生长环境。 3. 进行剥菱吃菱比赛,增强动手能力与美食鉴赏能力	初一《历史与社会》上册第三单元第三课《傍水而居》
1. 通过采莲体验,了解湖州桑基鱼塘系统的现状及水下面貌。 2. 深入认识莲花植物形态特征,生长环境及习性。 3. 莲花对人类的奉献及怎样来认识荷所代表的品质	
1. 考察"百桑园",认识全球桑树的植物特征。 2. 通过比较及分析,深入了解"世界丝绸之源"为何出现在湖州。 3. 进入"百桑园"感受自然美,提高鉴别能力,分析能力	初一《历史与社会》第三单元《综合探究三》

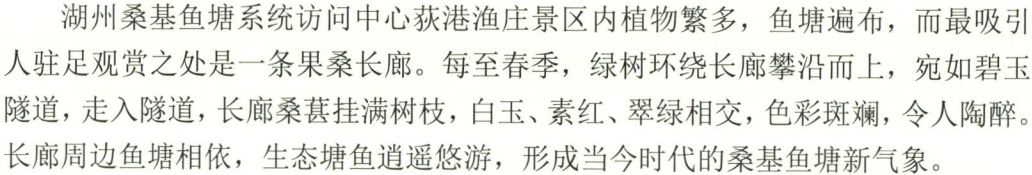

果桑长廊　五彩隧道

课程资源

　　湖州桑基鱼塘系统访问中心荻港渔庄景区内植物繁多，鱼塘遍布，而最吸引人驻足观赏之处是一条果桑长廊。每至春季，绿树环绕长廊攀沿而上，宛如碧玉隧道，走入隧道，长廊桑葚挂满树枝，白玉、素红、翠绿相交，色彩斑斓，令人陶醉。长廊周边鱼塘相依，生态塘鱼逍遥悠游，形成当今时代的桑基鱼塘新气象。

　　桑树全身是宝，从桑树自身的生存繁衍角度看，桑树的主要生长目标应该是生出更多更好的种子，所以桑果才是它的"主产品"。但人类为了桑树养蚕，一直以来改良桑树少出果，多产桑叶。尽管如此，桑树本身的特性依然不变，桑树其果、其枝、其叶、其皮、其根依旧完好。正因为如此，当今桑基鱼塘重新发挥出独有的优势，荻港渔庄经过长年实践，不断挖掘出越来越多的潜在价值，使桑树的价值得到了最大限度的展示。

　　我们所见的"果桑长廊"既是一个景观，更是通过此景，我们可延伸长廊的桑陌系列产品。荻港渔庄利用桑树开发出桑葚酒、桑果糕、桑黄饼、桑叶茶、桑叶蛋卷冰激凌等。

知识导航

以前科学家们研究要桑树多长叶，少结果，为了蚕宝宝有更多食物。现在时代变了，科学家们又研究桑树多结果、少长叶，是为了人们能吃到桑葚，荻港渔庄"果桑长廊"就是随时代的发展所传承桑基鱼塘系统的新形势，为当今更多的人们参与研学旅行实践教育服务。

桑葚有非常丰富的营养价值，目前被医学界誉为"21世纪的最佳保健果品"。常吃桑葚能显著提高人体免疫力，具有延缓衰老、美容养颜的功效。

桑葚的营养价值特别丰富

 1. 桑葚中的脂肪酸具有分解脂肪、降低血脂、防止血管硬化等作用。

 2. 桑葚中的铁元素和维生素C含量极高，这两种元素和血红细胞造血有密切关联，所以桑葚也是补血佳品。

 3. 桑葚中含有鞣酸、脂肪酸、苹果酸等营养物质，能帮助脂肪、蛋白质及淀粉的消化，故有健脾胃助消化之功效。

 4. 桑葚中所含的芸香苷、花青素等成分，都有预防肿瘤细胞扩散、预防癌症的功效。

活动导航

（1）考察"果桑长廊"，了解果桑的生态环境。
（2）摘桑葚比赛，分组进行。
（3）参观果桑新产品，参观桑基鱼塘系统食品加工厂。

思考题

（1）桑树全身是宝，桑叶、桑果、桑汁等，你最喜欢桑树的哪宝？
（2）桑葚除了吃新鲜果外，你认为还可以加工成什么产品？你能说出你心中的产品名称吗？
（3）写一篇参观"果桑长廊"的观后感。

采菱乐

课程资源

湖州桑基鱼塘系统核心保护区内一片平原田园风光，沟渠整齐，塘圩高宽，桑树茂密，稻谷飘香，遍地植物丰富，菱湖水红菱即是特产之一。

据《菱湖志》载：唐宝历年间（公元825—827年），湖州"刺史崔元亮察土，宜知郡城南上肥泽，水势平缓，多淤泥，独宜菱。因深种备荒，咸赖足食。今沿其业，如法以种，盈池遍泽，无不成熟。菱称果中洁品，惟此乡最佳且多，故曰菱湖。"其实，湖州太湖南岸一带，菱的种植历史悠久，钱山漾遗址发掘出的炭化菱所作的放射性碳素断代发现，湖州种菱已有4 700多年历史。

菱素为果中洁品，水乡佳蔬，生吃味脆甘美。老菱带壳煮熟，红菱变黑菱，性濡清香。菱茎可做菜，老菱可制淀粉，粉质细洁爽滑，为淀粉中佳品。菱还可代粮食，《菱湖志》载："菱湖居人采菱焙干，以备凶年，号曰菱米。"特别是风菱经年不坏，且风味甜美，品质极佳，清代曾列为贡品。《齐民要术》载菱"上品药。食之，安中补藏，养神强志，除百病，益精气。耳目聪明，经身耐老。多蒸曝，蜜和饵之，长生神仙。"

知识导航

菱，属菱科的一年生水生草本植物，别名菱角。菱的茎蔓长，其河、湖、荡、漾都可以种植，所以桑基鱼塘一带盛产水红菱。菱要求光照充足，不耐遮阴，长日照有利于营养生长，短日照有利于花开结果。菱的采收期因用途而异，可鲜采生食，也可老熟收取。

菱的植枝花叶形美，菱的色彩形状多样。历史文人留下了不少诗词绘画作品。如"扬州八怪"之一的金农曾来过桑基鱼塘，为此画了一幅《采菱图》，落款题诗："吴兴众山如青螺，山下树比牛毛多。采菱复采菱，隔舟闻笑歌。王孙老去伤迟暮，画出玉湖湖上路。两手纤纤曲有情，我思红袖斜阳渡。"

菱生长在水面，叶柄生有枣核一样的浮囊，内贮空气，故能浮生水面。秋季开花，白露果熟。开花时节，菱塘开满星星点点细小白花，每花必成双，授粉后即垂入腋下水中结实。菱角成熟后采菱时抓起菱盘，有菱必有二、三对应。生剥一尝，鲜美脆甜。

当代有位诗人说："江浙一带，我吃过湖州的水红菱和常熟的水红菱，那两个地方也有灵气，过去生活过一群出类拔萃的文化人，出得文化人的地方，往往也有优秀食品产生。"由此可见，红菱与当地的文化已经密不可分。

活动导航

（1）考察桑基鱼塘系统内菱塘。
（2）体验下水采菱，抓起菱盘，观察菱茎、菱叶植枝特点。
（3）采菱比赛，从摘菱到剥菱吃菱，谁既多又快为优胜者。

思考题

（1）你知道菱与湖州桑基鱼塘的关系吗？
（2）请讲讲菱桶采菱的感受与比赛剥菱的心得。

荷塘采莲

课程资源

　　莲，古称芙蓉，又名荷花，多年生草本水生植物，历史久远，据说1亿年前已在地球上出现。浙江余姚"河姆渡文化"遗址出土有荷花花粉化石，距今7 000多年前。而"仰韶文化"遗址发现2粒炭化莲子。在5 000多年前，中国最早的民歌总集《诗经》载："隰有荷花""彼泽之陂，有蒲与荷"，意指古代凡是沼泽之地都有荷花，并与香蒲共生。史料证实中国是荷花的发源之地。

　　湖州桑基鱼塘系统湖泊与江河相通，溪绕茗城，遥睇无际。水质肥沃，岸多洲滩，为荷花的生长提供了一个良好的生态环境。清代书画家金农诗赞湖州："鸥波亭外水蒙蒙，记得今秋携钓筒。消受白莲花世界，风来四面卧当中。"诗中的鸥波亭就忆写湖州元代书画家赵孟頫的私家花园"莲花庄"，所以湖州的文人书画对莲花情有独钟，再上溯宋代诗人胡仔，他的《苕溪渔隐丛话》中有句："秋云漠漠烟苍苍，莲花初白莲叶黄。"湖州城有莲花庄，南浔区有小莲庄，庄内10亩荷花清风摇曳，荷池边廊亭古建筑木雕的图案也是莲花朵朵，赏心悦目。

　　今日荻港，方圆百里处处荷花盛开，可谓"鱼商酒市晴遍集，钓艇莲舟晚共回"。

知识导航

莲花是水生花，其形态、习性都与水环境密切相关。它的形态特征是：

1. 芽

我们所见的藕芽是藕的顶芽，俗称"藕占"。

2. 根

发挥功能的根是环生在淤泥中茎各节上的须状不定根。

3. 茎

莲的茎初期是鞭状，后期膨大成藕。藕有分支，横断面上有许多孔，构成完整的通气系统。藕的这种结构很早被人们认识而赋予其深长寓意。唐代孟郊诗云："妾心藕中丝，虽断犹连牵。"于是便有了"藕断丝连"的成语。

4. 叶

盾状圆形，绿色背灰色，叶片正面表皮细胞的外壁有角质及蜡粉，当遇雨水时叶面立即凝成大大小小的水珠，随风滚动，而荷叶不会浸湿，此摇曳之美，其他花种少见。

5. 花

分少瓣、半重瓣、重瓣、重台和千瓣五型，花色有红、粉、白、黄绿和复色。花期6—8月。

6. 果实与种子

果实俗称"莲子"，生于莲蓬洞穴中。果壳内的"莲肉"即种子，莲肉是"莲心"，子叶两片、肥大，富含营养，供种子发芽所用，也可食用。

荷花既是观赏植物，又是食用植物，奉献人类，美誉荷德。荷花全身是宝，用途广泛，既是食品又是药物。藕含淀粉等多种营养物质和维生素。莲子、花瓣是佐餐妙品，莲房有清心止渴的功效。鲜荷叶美观实用又可作蒸菜辅料，所以莲花是人们最受欢迎的植物之一。

活动导航

（1）考察桑基鱼塘系统自然生态环境。

（2）在荷塘边观察荷的不同状态及荷叶的美姿。

（3）现场抢答有关荷的观察思考题，分组代表优胜者可下荷塘采莲。

（4）联系北宋理学家周敦颐的《爱莲说》散文，各组交流心得体会。

思考题

（1）通过采莲你都了解了哪些关于莲花的知识？

（2）荷花善美德操与你学习生活有哪些联系呢？

百桑园

课程资源

中国植桑历史悠久，殷商时期甲骨文就有多种写法的桑字，从甲骨文桑字，我们就能发现完全是一棵树的图案，而且树枝生命力极强，上古时期祖先们称之为"生命树"，与印度"菩提树"一样。

相传，帝女桑是中国神话中的桑树，以赤帝女居此桑而升天故名。炎帝的二女儿向神仙赤松子学道，后修炼成仙，化为白鹊，在南洋愕山桑树上做巢。炎帝见爱女变成这模样，心里很难过，叫她下树，她就是不肯，于是炎帝用火烧树，逼她下地。帝女在火中焚化升天，这颗大树就被命名为"帝女桑"。湖州桑基鱼塘系统已有 2 500 多年的历史，气候湿润，土壤肥沃，灌溉便利，田旁塘边，宅前屋后都种上了桑树，形成"荫陌复垂塘""鸡鸡桑树颠"的美景。《周礼》载："桑树随地可兴而湖独甲天下。"今日"百桑园"就植于此地。"百桑园"集全球各个国家不同桑树系统的桑树达 300 多种，走进园区，不同树形、不同树叶、不同树色的桑树千姿百态，错落有致，可谓进入桑树"联合国"。远观一片翠绿，生机勃勃，走进园区，桑树旁标着树名，读来亲切和美。如"昌盛""楚雄""珍珠白""红果"等，还有像日本"剑持"，朝鲜"秋雨"等，给人以一种美的享受。

"百桑园"不仅提升了湖州桑基鱼塘的产品数量与质量，而且增强了对外宣传的影响力，是传承保护和进一步开拓发展农业文化遗产的新型园区。

百桑园

知识导航

桑树是多年生落叶性乔木或灌木，野生状态下可以长得很高大，寿命也很长。桑树的适应性很强，对气候和土质都要求不高，所以世界各地都能看到它们的身影。

世界各地的桑树因地理环境不同，所以形成了不同的桑树系统。如原产于我国的"白桑"；原产于美国的"赤桑"；原产于欧洲的"黑桑"等。不同系统的桑树在叶形、果形和生活习性上都有不同的特点，但万变不离其宗。世界上有很多植物都有这种现象，就像我们人类，有白种人、黄种人、黑种人一样，而且每一个人种中还有很多民族，相当于桑树中的品种。

我国的"白桑"系统桑树，千百年的实践证明其桑叶最适合养蚕，而且养蚕的丝质最好，丝量最多。太湖流域一带的桑树称为"湖桑"。原产湖州、嘉兴、杭州，现已分化形成很多栽培品种。落叶乔木，树冠开展，枝条粗长，皮色以灰黄褐色较多。叶形大，叶肉厚，花果少，果熟紫色。而湖州的辑里湖丝誉为"世界之冠"，钱山漾遗址为"世界丝绸之源"，足以证明湖桑历史悠久且桑树品种优良。

活动导航

（1）考察湖州桑基鱼塘并参观鱼桑科普长廊。
（2）走进"百桑园"，寻找不同国家、不同地区桑树的特点。
（3）进一步深入细微观察，叶片大小不同，树枝造型不同，树皮颜色不同等。
（4）调研蚕农及专家，湖桑与其他桑树的区别。
（5）拍照做短视频，写一篇体验心得。

思考题

（1）你知道什么是湖桑吗？它有哪些特点？
（2）"百桑园"给你有哪些启示？有什么意义？

甲骨文

人文课程

一境名胜玉清赞

舒乙这样赞美荻港："在著名的江南六小镇之外,我终于又找到一处,也许是更好的,它叫荻港村,在湖州市和孚镇。说'更好',是因为荻港村更古朴、更完美、更优雅,原汁原味、实属难得。"

▶ [学习导航]

荻港是一个有着千年历史的古村落。其四面环水、河港纵横、青堂瓦舍、临河而建。街坊长廊、名里巷埭。而依运河所建的长廊,又名外巷埭,长达1 800多米。江南的水有江南的清盈,江南的古村更有着让人追寻的历史底蕴和让人仰慕的古贤圣人。原汁原味的水乡荻港,人杰地灵,时时飘逸着一股浓郁的历史和文化气息。"我家苕溪上,环舍清且涟。闲泛钓鱼艇,或棹采菱船。"这首来自雍正年间荻港进士章有大的"五绝",既是对荻港风土人情的真实写照,同时也与读者分享了水乡荻港的人文美景。

古村荻港不仅有古迹南苕胜境、玉清赞化、演教寺等,更有当今荻港渔庄内的"浙江湖州桑基鱼塘系统历史文化馆",此馆是湖州市博物馆的共创基地,被国内外专家学者赞誉为"活着的博物馆"。

▶ [人文模块]

荻港古村

南苕胜境

湖州桑基鱼塘历史文化馆

《桑基鱼塘赋》拓碑体验

人文课程——一境名胜玉清赞

课程名称	课程内容	课程形式
湖州桑基鱼塘历史文化馆	湖州桑基鱼塘历史文化馆全面展示桑基鱼塘核心保护区域的历史、政治、经济、文化等进行梳理并深入阐述。湖州桑基鱼塘系统历史文化馆不仅是宣传湖州农耕文化的窗口，而且成为传承下一代孩子们的学习场所	参观+书签问答+交流
南苕胜境	荻港古村历史上有南苕胜境记载。相传元朝庞石舟隐居荻港时始建。后重建于史称"乾嘉盛世"的年代。当时建筑群不仅有亭台楼阁、水池津梁，还有云怡堂、积川书塾等	参观+体验
荻港古桥	荻港是一个典型的水乡古村。村中河流纵横交错，沿河石板小路曲径通幽，岸边长廊相依，小桥远近贯通	参观+体验
《桑基鱼塘赋》碑拓体验	此赋记述了湖州桑基鱼塘的历史发展及传承现状，从地理环境、生态循环、古今农耕，人文景观等多视角进行介绍。碑额篆书"浙江湖州桑基鱼塘系统"并刻有圆形鱼桑标志，意为鱼桑文化，天人合一	参观+体验+完成作品

课程目标	教材链接
1. 激发学生对研究湖州桑基鱼塘系统历史文化与传承发展的学习兴趣，深入了解鱼桑文化的有关知识，认识历史，展望将来。 2. 明确学生参观桑基鱼塘系统历史文化馆的任务、目标及所要完成的疑难问题。 3. 激发学生对鱼桑文化的深入思考，指导学生进行探究性的研学课题	六年级《道德与法治》下册　第四课《地球——我们的家园》
1. 通过古今变化来看时代的发展，从人文历史痕迹中感受文化魅力。 2. 在充满历史气息的祠堂及石碑中发现其中的神秘故事。 3. 千百年来乡镇人文历史的传承在民间融合着"儒、释、道"的朴素思想	四年级《道德与法治》下册 第四单元《感受家乡文化，关心家乡发展》
1. 通过对荻港古桥的考察深入了解当地的风土习俗、自然环境与生活状态。 2. 观察分析不同石桥的形状与特色，结合周边环境进一步了解不同古桥的特殊意义。 3. 结合桥名，深入研究古桥文化的历史意义与现实意义。 4. 通过考察，联系中国石拱桥历史与设计原理的相关知识，找出其共同之处	初二《语文》上册 第五单元第18课《中国石拱桥》
1. 通过实地考察，感受桑基鱼塘系统的现状现貌，了解桑基鱼塘独特的地域环境。 2. 了解拓碑的意义所在：四千多年桑基鱼塘的传承发展至今，能获得全球重要农业文化遗产殊荣，树起了历史长河中极为有意义的里程碑。 3. 了解碑文内容，学习传统书法艺术及楷书的当代意义。 4. 体验碑拓，锻炼学生的动手操作能力，提高了同学协作精神和时代担当责任	六年级《道德与法治》下册 第三单元第六课《探访古代文明》

湖州桑基鱼塘历史文化馆

课程资源

　　湖州桑基鱼塘历史文化馆坐落在荻港渔庄景区内，创建于 2014 年。在湖州市政府有关部门的重视下，2017 年进行重建，是年 7 月正式对外开放。

　　湖州桑基鱼塘历史文化馆全面开展桑基鱼塘核心保护区域的历史、文化、社会、经济等的梳理和挖掘。此馆布置集图文、实物、雕塑、影像、声光等综合材料及方法，根据不同场景进行创意设计，先后陈列鱼桑人家、桑田蚬壳路、鱼塘金光圩抖门（水闸）、活水船、四大家鱼及淡水鱼标本、荻港非遗陈家菜、十里水市、丝绸之路、丝绸之源等。

　　几年来，桑基鱼塘展馆接待了国内外专家、学者、考察团队、研学师生、鱼桑文化爱好者等数万人参观并受到高度赞扬。湖州桑基鱼塘系统历史文化馆不仅是宣传湖州农耕文化的窗口，而且成为传承下一代孩子们的学习场所。2019 年又培养了一批"我是桑基鱼塘小传人"的学生志愿者。小传人们不仅了解并熟悉桑基鱼塘的历史知识及现状新貌，而是个个成为展馆的讲解员、义务宣传员，得到了观众们的一致好评。

知识导航

荻港渔庄十多年来始终围绕"保护桑基鱼塘品牌、传承千年鱼桑文化"的主题，致力于传承、发展、挖掘、保护传统农耕文化。2008年，徐敏利作为市政协委员，第一次提交了关于保护和利用桑基鱼塘的提案，5年后的2013年作为省政协委员，她又提交《关于湖州桑基鱼塘保护传承基地建设的若干建议》，得到省内外领导、专家的高度重视。2014年6月，湖州桑基鱼塘系统正式入选中国重要农业文化遗产。荻港渔庄开始初创鱼桑文化展馆。2017年，为了筹备"第四届东亚地区农业文化遗产学术研讨会"在湖州荻港渔庄召开，将原来的鱼桑文化展馆进行重建与提升，创建了"浙江湖州桑基鱼塘系统历史文化馆"。

文化馆分为6个板块：从历史起源开始，到鱼桑人家，鱼桑农事；范蠡《养鱼经》到四大家鱼；淡水鱼养殖到荻港陈家菜；十里水市到頔塘运河；丝绸之源到丝绸之路；鱼文化节到鱼桑欢庆等系列图文介绍，装置影像展示。

活动导航

（1）分组进行参观，听取"我是桑基鱼塘小传人"的重点内容介绍。

（2）各组分别选择其中一个板块内容进行小组讨论，并推选一人参加演讲比赛。

（3）每人挑选一张"书签"，按书签反面所提出的问题在展馆内寻找答案，然后由指导老师给予评分。

思考题

（1）整个展馆你认为最吸引的地方在哪里？你认为还需要补充哪些内容？

（2）展馆的鱼桑农耕用具体现出古代渔农的聪明才智，你能否选一农具作为事例进行阐述。

（3）桑基鱼塘系统的保护、利用与传承，你能为此做哪些准备并落实到哪个行动上？

南苕胜境

课程资源

荻港古村历史上有南苕胜境记载。相传元朝庞石舟隐居荻港时始建，后重建于"乾嘉盛世"年代。当时建筑群不仅有亭台楼阁、水池津梁，还有云怡堂、积川书塾等。晚清书画家费丹旭曾游南苕胜境诗赞："自是春寒花信迟，梅花千树雪参差。回廊绕遍阑干曲，却好朦胧月上时。"

云怡堂是道教设坛的所在地，据同治《湖州府志·祀典》记载，荻港吕祖庙为地方官每年祭祀的庙宇，香火旺盛。嘉庆皇帝御书"玉清赞化"匾额，并钦赐"警化孚佑帝君吕纯阳祖师祠"匾额。南苕胜境一时名扬遐迩。

积川书塾原为荻港章氏私家书塾。章氏作为名门望族，重视文化教养，取荀子语："土积成山，水积成川"，在祖师堂开办积川书塾。清朝荻港积川书塾出了50多名进士，100多名太学生、贡生、举人。

清同治年间，南苕胜境毁于战乱，光绪年间虽曾重建，但规模不及乾嘉。"文革十年"更给南苕胜境带来前所未有的破坏。2003年南苕胜境被列为市级文保单位，近年逐渐修复完善。现南苕胜境，内有荻港乡贤馆、荻港书画社等文化设施。

与南苕胜境遥相呼应的景点是"玉清赞化"碑亭和"演教寺"。

知识导航

南苕胜境景区现有石碑"玉清赞化",并建有碑亭。

"玉清"是道教所供奉的三尊神灵之一,玉清元始天尊,上清灵宝天尊,太清道德天尊。道观中排列一般以玉清为中,上清为右,太清为左。"赞化"《礼记·中庸》有:"能尽物之性,则可以赞天地之化育;可以赞天地之化育,则可以与天地参矣。"就是神灵赞助育化的意思。

荻港演教寺建于唐后周显德二年(995),距今已有千余年历史,初名兴福院。北宋建隆元年重建,于治平二年改名演教禅寺,经明清多次扩建占地已达二十余亩。大门朝南,步入正门,青石镌成的石弥陀,迎面而坐,笑颜常开,栩栩如生。石尊弥陀佛为湖属一带罕见。寺内古柏成荫,清净异常,铜钟传音,声波四溢,数里之外,还清晰可闻。寺内大雄宝殿顶悬钢镜,上有"国泰民安、风调雨顺"系明丞相严嵩所题,其内设的诸多神像无论形态大小,均可与杭州灵隐寺媲美,两侧有铜钟楼,东皇殿等建筑,西傍有堂庙,称总管堂。总管堂前有宋代石狮一对,古树两棵,内设佛像,社戏台等。演教寺是自宋朝以来,湖州城南的佛教中心。

活动导航

(1)观看荻港古村的视频,了解古村概况。

(2)分组到访南苕胜境寻找历史人文顾及。

(3)听指导老师介绍玉清赞化的故事。

(4)参观演教寺并步行石板路。了解荻港历史章、吴家族为村民铺路的历史贡献。

(5)小组交流。

思考题

(1)你近距离接触古村后有哪些感想?

(2)"玉清赞化"石碑讲了什么故事?

(3)费丹旭《南苕胜境》描写了哪些景色,你能背诵吗?

荻港古桥

课程资源

荻港是一个典型的水乡古村。村中河流纵横交错，沿河石板小路曲径通幽，岸边长廊相依，小桥远近贯通。据载，荻港古村自唐代开始盛行建庙筑桥。史上曾有"五朝津梁，水乡桥村"的美誉。传有"十八桥，三十之堂"之说。荻港独有的里巷埭、外巷埭古朴环境构成了其特殊的景观，周边至今仍保留古桥20多座，每座桥不仅仅给人以景观的视觉美，更是让人们从独特的建筑中见到了古桥的历史人文。从长廊到古街，从桥梁到顿塘，它寄托了村民的生活情趣与理想追求。建于明朝崇祯年间的庙前桥，其形似"八"字，村人名"八字桥"。相传古时，凡外出经商、读书、做官的荻港人回到故乡，必须要去"八字桥"上走一走，以求财源广进、学业有成、官运亨通。

荻港曾流传着谚语："来来往往东安桥，烧香念佛长春桥，花船轿子总管桥，买鱼买肉上石桥，钭鱼买酱中市桥（木桥头），丝竹吹打秀水桥，披带接官三官桥，开行开店史家桥……"村民的日常生活及农耕生产与古桥有着密切的关系。这既说明荻港古桥的作用和地位，也反映了人们对古桥的情感和敬畏。

知识导航

荻港古桥因地制宜的建造方法，既是一种交通设施，又成一种审美对象，体现了中国"天人合一"的哲学思想。桥与大自然的融合表现出造型美、装饰美、材质美、意境美。众多桥梁变化多样，但又和谐统一，在古村建筑中形成"和而不同，围而不犯"的格局，呈现出丰富而整体的形式美。

荻港古桥的建造常以石拱型与平板型的方法。有桥栏、望柱、桥面石梁、抱鼓石、长系石（对联石）、排柱墩、横帽石梁。桥的装饰可由禽鱼虫兽、祥云花卉等装饰龙、凤、狮等动物，以此神物镇住桀骜不驯的桥下"水怪"。

荻港古桥与周围环境一起构筑成为座座美景、凌空越阻、千姿百态。而桥名更又着深深的意韵。如"秀水桥"据同治《湖州府志》载建于清康熙年间；"庙前桥"建于明代末年；"隆兴桥"于清朝重建；"永庆桥"建于明代。还有长春桥、景安桥、万福桥、祖师桥等，每座桥名都表示祈福业旺之意。后人常有将桥名组合四字吉祥语，如东安西兴、乐善长春、隆兴馀庆、太平万安、庙前福星、吉利永庆、德心积善、塔影景安等。歌功颂德，表达并寄托对美好生活的向往。

活动导航

（1）沿荻港古村石板路进入古桥区域，听指导老师介绍石板路的由来及朱、吴两家族的历史。

（2）考察不同古桥的特征及历史渊源。

（3）寻找古桥桥名并分析其名的意义。

（4）实地考察后，学生根据自己所得体会完成一幅作品，或书法写桥名，或画一座桥，或用桥名组合成对联，或写一篇调查报告等。

思考题

（1）请根据古桥特色，分别画出3座不同结构形式的古桥形状。

（2）寻找古桥桥名，并将桥名组合成你认为最有意义的词组或对联。

（3）荻港古村的古桥你认为有何特色及意义？

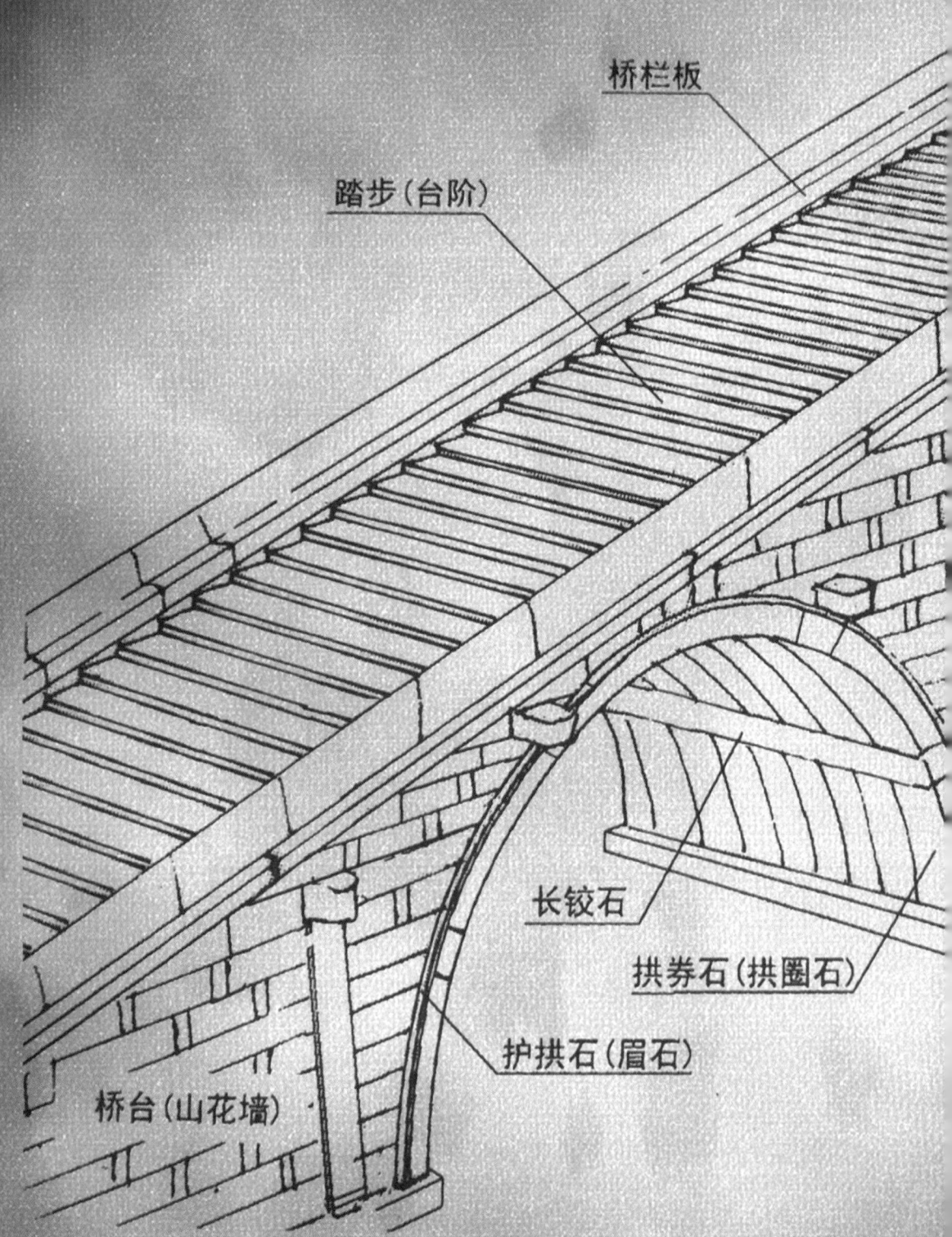

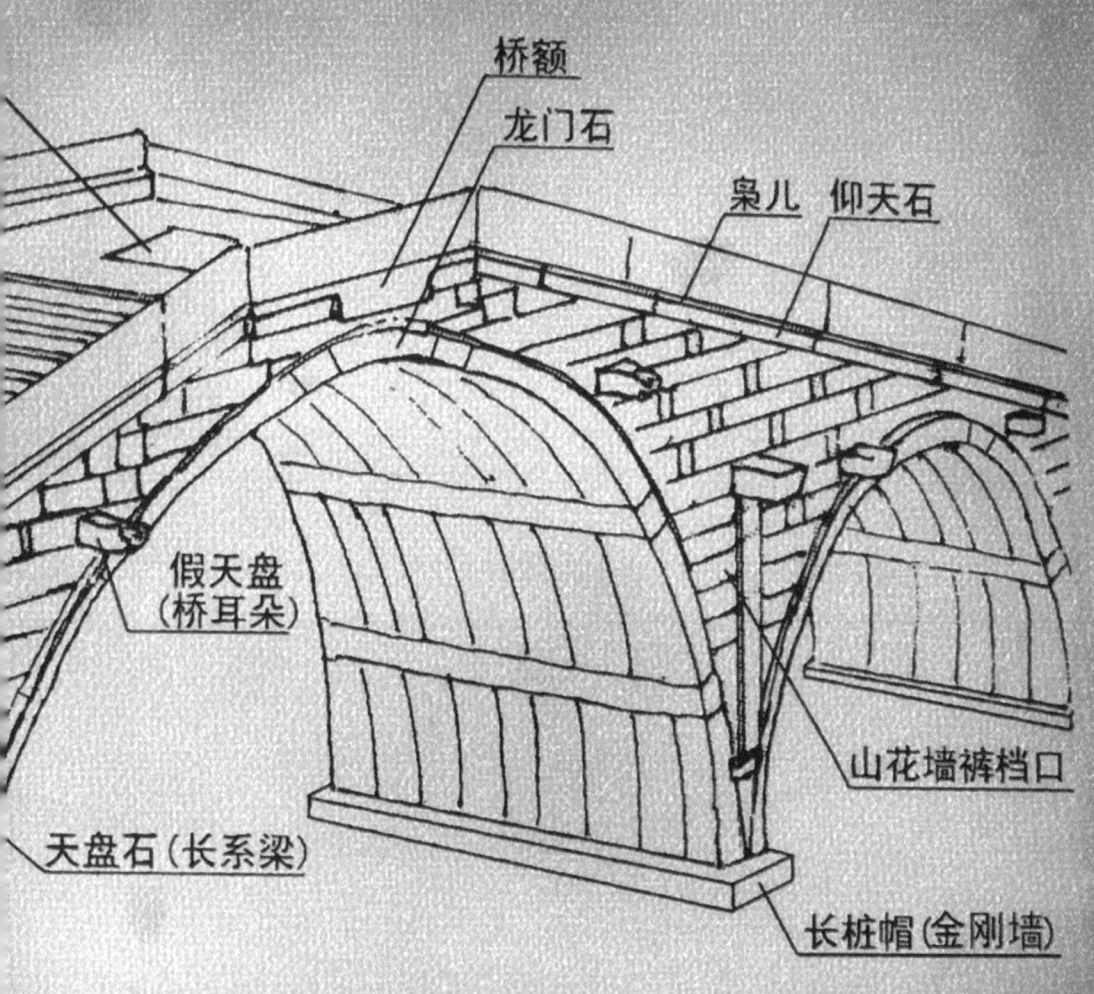

三孔石拱桥示意图

《桑基鱼塘赋》碑拓体验

课程资源

　　《桑基鱼塘赋》是中国书法家协会会员、湖州鱼桑文化研学院王似锋撰文并楷书刻于石碑，高2.5米，宽1米。2019年春立于湖州桑基鱼塘核心保护区内。此赋记述了湖州桑基鱼塘的历史发展及传承现状，从地理环境、生态循环、古今农耕、人文景观等多视角进行介绍。碑额篆书"浙江湖州桑基鱼塘系统"并刻有圆形鱼桑标志，意为"鱼桑文化，天人合一"。

　　此赋楷书取法于元代书法家赵孟頫笔法，其特点是外貌圆润而筋骨内涵，点画华滋遒劲，结体宽绰秀美。既得晋人韵味，又具唐人法度。

　　赵孟頫楷书与颜、欧、柳并称为中国书法史上的"楷书四大家"。

知识导航

拓片时我国一项古老的传统技艺，是使用宣纸和墨汁，将碑文、器皿上的文字或图案清晰地拷贝出来的一种技能。拓片除墨汁之外，也可用墨蜡，墨蜡携带方便，更适宜学生体验。但拓的方法有所不同。

1.宣纸墨汁拓片的方法

首先清洗石碑，洗净后用浆水（在石碑上刷白芨水或淡淡的乳胶水），再上纸（上纸不可出褶皱，并喷湿，吸去气泡和水分），然后捶碑（敲打）。待纸稍干时就可上墨（常规上墨三遍），等纸墨半干时即可起纸、晾干。

2.拷贝纸墨蜡拓片的方法

先用抹布把石碑擦洗干净，不可太湿。取小张拷贝纸覆在选好的碑文中。因不用浆水，所以需另人帮助，双手按住拷贝纸。然后用墨蜡进行擦涂，在涂的过程中用力要匀，否则墨色浓淡不统一影响拓片质量。待所需文字擦涂完整后即可取下，在旁边写上姓名、日期，以作留念。

活动导航

（1）分组轮流实地考察桑基鱼塘现状环境，有科普长廊、蚬壳路、桑树林等。

（2）由指导老师介绍《桑基鱼塘赋》的由来与内容，并进行师生问答互动。

（3）老师示范拓片的方法与流程。

（4）学生两人一对，互帮互学进行拓片体验。

（5）拓片完成后题字留念。

（6）回营地进行作品展示及交流心得收获。

思考题

（1）《桑基鱼塘赋》主要叙述了哪些内容？

（2）碑拓体验给了你哪些启示？

（3）你以怎样的行动来做好桑基鱼塘的小传人？

桑基鱼塘赋并序

　　自退隐荻港，始知湖州桑基鱼塘系统核心保护区坐落于此。其域东至菱湖塘，北接横山漾，西傍东苕溪，南通南横港。闲来常与鱼儿迈步桑陌塘堤，沐雨听风，怀古抚今。戊戌春幸随市府官员及专家赴罗马联合国粮农组织总部参加"全球重要农业文化遗产"授牌盛典。情由此溢，忆想十年，尽微薄之力书画，抒不老之情曲歌。愧才疏学浅，作散文小赋以誌。

　　兴在西吴，丰饶殷盈。城以菰浦而启，州缘太湖为名。镶桑基圩田乎横塘纵浦，筑水蓄鱼荡乎布棋罗星。天公降瑞，地母赐赏。頔塘古运悠悠，范蠡扁舟淩淩。

　　桑基鱼塘，世间生态循环之和谐；绿水青山，怀拥天人合一之神明。至若春敷秋落，夏茂冬零。感天地之无尽，悟阴阳之有情。天工开物，造化毓灵。桑鱼同存互养，共享生态平衡。先民智慧，流传远久，连绵不绝，利用厚生。

　　丝绸之府，以桑为本。钱山漾探丝绸源，辑里丝夺世博名。含山塔高耸兮，流云瑞霭；马鸣王蚕神兮，祭拜邦祯。湖桑"矮拳"，叶厚质滋津液；蚕种"莲心"，茧小玉体丝琼。柔彩"非遗"绫绢，或轻弥晨雾，或薄翼透明。"湖绉"衣被天下，或帝披龙袍，或女王袂绫。绢素吴带，茧纸兰亭。张骞西域，郑和南瀛。一带一路善举，五湖四海风鹏。

　　尔乃陶公著养鱼经，盼幸荡杨俊成。家鱼鼻祖，圣贤堪称。千载农田基业，春秋渔织读耕。鲤鳗鲈鳝，稻麦香粳。晨凫夕鹭，红莲绿菱。桑陌翠溢扶疏，渔鼓天籁喧鸣。于是乎村因鱼名，业因鱼兴，文因鱼化，民因鱼盟。

　　观夫荻港古村，里巷埭，外巷埭，敷显南苕胜境；三瑞堂，礼耕堂，至尊赞化玉清。徐缘渔庄，陈家菜肴，烹小鲜而文化，奉敬业而升腾。鱼桑翁郁，雨沐青云桥闲步；荡漾潋滟，风和鱼钓塘堤平。过东则射中神话，宝溪箭墩，嫦娥奔月羿恋，白鹤蚌戏乡情。沿路则竹墩沈氏，珍珠故里；池漾交错，鳞波若星。登养富桥胜地，忆承志堂精英。朱家坝村，相传紫阳后裔，龙山禅寺，一脉碧水绕萦。下昂古镇，松雪寓居，"众安"桥畔"清远"，子昂碑刻珍铭。嗟乎，物华天宝恩泽，清丽氤氲珠衡。一方水土，百里玉澄。

　　幸甚乡村振兴，气运畅行。有缘上下齐力，方得全球赞评。阳春晴雨，蚬壳路极目怡情。初心不忘，遗产地世代永承。

己亥正月王似锋撰

红色课程

一展红旗万代传

  红色文化研学课程是对中小学生进行素质教育、爱国主义教育和拓展党的先进性建设的重要资源。湖州桑基鱼塘系统近百年来，发扬革命传统精神和艰苦奋斗创业激情，无数先烈用鲜血染红了这片红色文化之土，"李泉生部队"威震浙西。新中国成立之后，以李泉生烈士命名"泉生学校"，以此激励青少年发扬爱国爱家乡精神。

▶ [学习导航]

  改革开放以来，为振兴乡村建设，充分发挥乡贤热情，"不忘初心，牢记使命"。荻港村先后创建了"荻港名人馆"和"荻港乡贤馆"。荻港乡贤为建设社会主义新农村，进一步发扬中国共产党的优良传统，在艰苦的环境中开拓、奋斗。艰苦创业精神既是一种崇高的思想境界，也是成就任何事业不可缺少的精神动力。在新时代的创业中，荻港涌现出不少优秀共产党员与道德模范乡贤。

▶ [红色模块]

抗战英雄纪念碑

荻港乡贤馆

红色课程——一展红旗万代传

课程名称	课程内容	课程形式
抗战英雄纪念碑	抗战英雄纪念碑位于南浔区和孚镇长超村长超山顶，始建于1999年。该纪念碑是为纪念当地抗日武装"长超部队"而兴建的	参观+讲座
荻港乡贤馆	荻港乡贤馆是湖州市首个村级乡贤聚集之地。汇聚乡贤力量，引领推动乡村复兴，大批专家学者，建业模范常回家乡同舟共济。推进美丽乡村和国家4A级景区建设，提升荻港在外知名度和影响力	参观+讲座

课程目标	教材链接
1. 通过抗战英雄纪念碑缅怀先烈，学习抗战英雄大无畏战斗精神，激发学生们的爱国热情和报效祖国的壮志雄心。 2. 继承和发扬革命先烈的艰苦朴素，奋发图强精神，传承中国共产党的优良传统和先进模范作用。 3. 进一步深刻认识幸福生活来之不易，懂得珍惜青春年华，自觉培养并加强社会主义荣辱观和责任感，引导学生积极践行社会核心价值观	四年级《语文》下册 第六课《小英雄雨来》
1. 热爱祖国，热爱家乡，向老一辈乡贤学习，以德树人。 2. 增强民族自信心与自豪感，结合乡贤人文资源，仙剑实际，彰显勇猛精进精神。 3. 增加对集体生活方式和社会公共道德的体验，开拓视野，丰富知识，培养创新精神和实践能力	

抗战英雄纪念碑

课程资源

抗战英雄纪念碑位于南浔区和孚镇长超村长超山顶，始建于 1999 年。该纪念碑是为纪念当地抗日武装"长超部队"而兴建的。"长超部队"组建于 1938 年 1 月，当时对外称为"中国人民抗日义勇军"。由于该部队主要由长超一带青年农民自发组成，领导人李泉生，因此又称"李泉生部队"。抗战期间，中共浙西特委曾派党员干部到该部工作，共发展党员 30 余名，并建立了党的总支。"长超部队"有较强的战斗力。在组建后的几个月内，即毙伤大量敌人，生俘骑兵少尉以下日军多名，成为浙西抗战的一支重要力量。1938 年 6 月，"长超部队"因拒绝国民党军收编，遭到围攻，受到严重损失。

长超"抗战英雄纪念碑"坐北朝南，高 18 米，建筑占地约 16 平方米。2014 年 6 月，和孚镇人民政府再次进行修缮，建设上山道路和山下停车场和纪念墙，现为湖州市爱国主义教育基地。

知识导航

　　李泉生，又名哲人，出生于长超，是当时吴兴（今湖州）早期中共党员之一，曾任中共吴兴县袁家汇（长超）区委书记。后来，他在长超成立"人民抗日义勇军"，又称"长超部队"，是浙西抗战的一支重要力量。当时最显著的便是"血战罗田漾"和"升山袭击战"。1945年，中共在湖州成立红色政权——吴兴县抗日民主政府，郎玉麟出任县长。李泉生任双林区区长。抗战胜利后，李泉生随军北撤，编入华东野战军第一纵队第一旅第三团，参加山东兖州战役。1947年调山东五莲县，参加华东实验土改工作。1949年病逝。1952年浙江省民政厅追授李泉生为革命烈士。

活动导航

观看一段抗战视频；
重温一次红色经典；
缅怀一代革命先烈；
歌唱一首抗战歌曲；
学做一回部队战士；
参加一场军事演练；
探访一位战区前辈；
争做一名革命后代。

思考题

　　（1）我们今天的美好生活是怎样得来的？

　　（2）抗战革命的先烈的英勇精神对你有哪些启发？你该怎样继承先烈遗志？

荻港乡贤馆

课程资源

荻港村是老舍之子舒乙笔下"最好的江南小镇",其历史悠久、文化底蕴深厚,涌现出一大批乡贤名士。他们品德高尚,才能卓著,身为乡民所尊重,在精神引领垂范、对外宣传推介、振兴乡村经济等方面做出极大的贡献。

已故著名历史学家、教育家章开源先生祖籍荻港,1987年,他带着浓厚的家乡情怀第一次踏上故里乡土,望着一片摇曳的荻花,心潮澎湃,由此常年来家乡出谋划策。他说,荻港的乡村旅游经过多年发展已经形成一定规模。作为荻港人,他会常来故乡看看,为荻港,为南浔,为湖州做点事情。上海华东大学教授章宗城为乡贤馆编《荻溪(港)章氏》一书,希望章氏家族能为荻港乡村建设、文化传承尽一份力。

荻港乡贤馆由三部分组成:西厅内列举了16名乡贤的学术成果及创业成就;东厅展示了新时期乡贤反哺桑梓的感人故事;中厅成为乡贤商议荻港大事的场所。重点推出"浓浓故乡情,争当八大员","即全面小康领航员,赶超发展助推员,民主管理监督员,对外形象宣传员,文化旅游讲解员,传统文化守望员,美丽荻港监督员,矛盾纠纷调解员。"把乡贤文化的传承弘扬成为新时代乡村振兴战略灵魂。

知识导航

荻港乡贤馆是湖州市首个村级乡贤聚集之地。汇聚乡贤力量,引领推动乡村复兴,大批专家学者、建业模范常回家乡同舟共济。推进美丽乡村和国家4A级景区建设,提升荻港在外知名度和影响力,现仍居住荻港的乡贤典型代表人物如下。

吴瑞春，荻港古村老书记，乡村振兴带领人。在改革开放初期带领全村人入手整治村容，以深厚的历史文化底蕴为依托，以复古还原、创新改造为原则，修复古迹，疏浚河道，完善设施，整修民居。对村内外的公路、河畔、公共场所、民房等实施了硬化、亮化、绿化、洁化。强化"历史文化古村的传承与保护"这一主题，把荻港建设成和谐、幸福、文明的新农村典型。

徐敏利，全国乡村文化和旅游能人，湖州荻港徐缘生态旅游开发有限公司董事长，浙江省休闲观赏渔业行业协会会长。20世纪70年代开始以鱼为缘，以渔为业。21世纪后立足因地制宜，创办荻港渔庄，推出非遗陈家菜，挖掘传承千年鱼文化，积极参与申报全球重要农业文化遗产湖州桑基鱼塘。在创先争优活动中，以一个共产党员胸怀为民办事，为乡建业，她最常说的一句话"尽力做点事"。近年来，先后评为省、市及全国先进个人。

潘平福，浙江省道德模范。76岁的乡贤潘平福是荻港"一元茶馆"的主人，也是荻港最基层的原住民，他做事诚信，生活简朴，待人和蔼可亲，愿做善事，做好事。潘平福学历不高，但他很注重自己的学习，每年订阅《湖州晚报》《良友》《益寿文摘》等报刊杂志，了解国家大事，增长科学知识，不仅自己学习，还让乡民来茶馆学习讨论。他始终牢记"学儒重文，积善行德"。平时省吃俭用，乐于助人及捐款做公益。国庆期间，他购置百面国旗挂满里巷埭沿街各户，还向游客赠送500面小国旗。新冠肺炎疫情期间，他捐款50 000元，驰援武汉。

  活动导航

（1）分组参观荻港乡贤馆，荻港名人馆。
（2）跟着荻港老书记吴瑞春爷爷寻找乡村振兴足迹。
（3）探秘全国乡村文化旅游能人徐敏利，创建荻港渔庄发展史。
（4）专访"一元茶馆"主人，道德模范潘平福。

  **思 考 题**

（1）为什么要创建乡贤馆？
（2）荻港乡贤馆给你印象最深的乡贤是哪位？
（3）"以德树人"与乡贤有哪些联系？

科普课程

一稔农作教科普

科普课程是一种用通俗易通的语言，来解释各种科学现象和理论的知识文字。用以普及科学知识为目的。科普知识的发展必然推动与之相关的其他学科的发展，同时科普知识也催生了科普展品这一事物。

▶ [学习导航]

　　科普展品能生动、形象地展示科学知识，是科学普及的一个重要环节。科普展品能促进科普知识的发展，同时又推动了教育形式丰富多，以跟随科普教育的脚步，同步发展。

　　科普知识涵盖了科学领域的各个方面，无论是物理、化学、生物各个学科，还是日常生活，无不涉及科普知识。由于其范围的广泛性，奠定了科普知识的重要意义和影响，要求科普教育必须与时俱进，并且与所提倡的素质教育同步发展。使科普知识、科普教育真正意义上研学体验与实践生活。

▶ [科普模块]

蚕茧灯

从古代桑基鱼塘到现代桑基塘鱼

科普课程——一稔农作科教谱

课程名称	课程内容	课程形式
蚕茧灯	蚕茧灯制作最初是为湖州鱼桑文化节的举办所创意制作的工艺品，近年经反复探索，大胆创新，将彩色蚕茧与现代LED灯珠融合一体，并在此基础上进行各种创意	观看视频+体验+完成作品
从古代桑基鱼塘到现代桑基塘鱼	桑基塘鱼以传统的四大家鱼（青、草、鲢、鳙）为主，辅以杂食性的鲫鱼，并适当配养白鱼、鳜鱼、黄颡鱼等，其养殖地池塘水质保持"肥、活、嫩、爽"，透明度30厘米左右。形成立体生态养殖模式	观看视频+体验

课程目标	教材链接
1. 通过蚕茧灯制作了解当代蚕茧的科学技术、开发成果及今后发展方向。 2. 深刻认识LED灯珠与蚕茧的融合中科普意义与人生哲理。 3. 增加知识性与趣味性，锻炼提高动手能力与思维能力，提升学生们的综合素养	——
1. 通过对桑基鱼塘系统生态循环的考察，进一步深入了解地理标志桑基塘鱼的生态养殖。 2. 桑基塘鱼的养殖模式不仅借鉴古代养殖方法，而且融合了现代科学养殖技术，所以生产出的桑基塘鱼近似野生鱼的口感	六年级《道德与法治》下册第四单元第八节课《科技发展造福人类》

蚕茧灯

课程资源

当今时代科技迅猛发展，为了提高蚕茧的质量和数量，建起了"大棚养蚕""机械化养蚕"，并在研发"专养雄蚕"的高新技术。因雄蚕的产量高于雌蚕，以前蚕卵和小蚕都没办法分出雌雄，只有到五龄时才能勉强认出性别。近年引进"性连锁平衡致死"的基因转移到常规蚕品种中，培育出一系列雄蚕品种，基本达到了实用化目标，从而提高了蚕茧数量与质量。

蚕茧自古以来就有天然彩色茧蚕品种存在，但以前所有彩色茧的天然色素都存在于丝胶中，一经缫丝，丝胶溶解在水里，色彩也就褪了。而现在的彩茧通过生物工程技术，使天然色素转移到丝素蛋白中，它就不会褪色了，实现了真正意义上的天然彩色。还有值得一提的是，美国"哥伦比亚"号航天飞机曾搭载了一个由中国学生设计的"蚕在太空吐丝结茧"的实验，可惜飞机在回归着陆过程中爆炸解体，否则带回的收获或启示又将会有精彩成果奉献给社会。

活动导航

（1）观看蚕茧灯制作研学科技视频。

（2）了解蚕茧灯制作工艺流程后，指导老师与学生进行问答互动。

（3）体验蚕茧灯制作：①小学低年级以制作一个蚕茧为目标；②小学中高级以制作 5 个蚕茧为目标；③中学生不仅 5 个蚕茧，而且增加造型创意为目标。

（4）蚕茧灯制作完成后在灯座上签名留念并合影。

（5）分组进行蚕茧灯制作体验心得交流，并进行成果展示。

> **知识导航**

蚕茧灯制作最初是为湖州鱼桑文化节的举办所创意制作的工艺品，近年经反复探索，大胆创新，将彩色蚕茧与现代 LED 灯珠融合一体，并在此基础上进行各种创意，突出作品主题，造型丰姿多彩，再以原生态桑树为灯座，并在底座及蚕茧上写上书法，融传统文化于一体，扬时代创意为彩光。蚕茧灯先后在联合国粮农组织总部意大利罗马及日本、韩国等地展示，国内在北京、上海、杭州及湖州进行专题推介，引起业内人士关注，为全球重要农业文化遗产湖州桑基鱼塘添光增彩。

为了使中小学生能够体验蚕茧灯制作，课程特策划设计了五珠蚕茧灯的制作方法。即以 5 个蚕茧、一串 LED 灯珠和一个灯座为主要材料，经学生创意各种形状进行制作而成。在制作过程中虽有一定难度，但凡参与的同学个个充满信心，不厌繁难。做成蚕茧灯，签好姓名，待五珠蚕茧灯闪亮时，学生们按捺不住激动的心情，双手捧起蚕茧灯，大声"哇……"

蚕茧与 LED 灯珠蕴含着人生哲理，给人以激情，为人而光明。蚕"春蚕到死丝方尽"与灯"身载电流光照明"两者都鞠躬尽瘁为人类奉献出自己的一切，其与天地万物同辉及舍己为人的精神值得我们深思。

思考题

（1）蚕茧灯制作成功说明你动手能力展示，那么请你说说还展示出你其他哪些能力？

（2）蚕茧与 LED 灯给了你哪些人生哲理的启示？

（3）为什么电池两端一头是凸出的，一头是凹进去的呢？

从古代桑基鱼塘到现代桑基塘鱼

课程资源

湖州桑基塘鱼农产品地理标志地域保护范围共 7 个行政村，地理坐标为东经 119°59′～120°6′，北纬 30°31′～30°51′。此地河流成网，土壤肥沃，气候温暖，雨量充沛，适宜发展作物种植和水产养殖等综合性农业生产的地区，给桑基塘鱼生产提供了优越的环境条件。

桑基塘鱼以传统的四大家鱼（青、草、鲢、鳙）为主，辅以杂食性的鲫鱼，并适当配养白鱼、鳜鱼、黄颡鱼等，其养殖地池塘水质保持"肥、活、嫩、爽"，透明度 30 厘米左右，形成立体生态养殖模式。

活动导航

（1）参观考察桑基鱼塘，了解鱼塘的基本概貌。

（2）带着问题体验生态环境，春夏秋冬不同季节对鱼塘有什么影响。

（3）根据桑基塘鱼的特点，学习范蠡《养鱼经》对当代的意义。

（4）下鱼塘体验捕鱼，并进行四大家鱼（青、草、鲢、鳙）的识别。

知识导航

1. 气候观察

太湖南岸的低洼湿地生态系统为我国典型的江南水乡特征，其特点是季风显著，四季分明；气候温和，空气湿润；光温同步，日照充沛；山水清丽，生态和谐。

2. 水利观察

千百年来，太湖南岸劳动人民因地制宜修筑"纵浦（溇港）横塘"水利排灌工程，将地势低下、常年积水的洼地挖深变成鱼塘，挖出的塘泥则用于堆放在水塘的四周作为塘基。祖先们通过在鱼塘中放养一定比例的青鱼、草鱼、鲢鱼、鳙鱼、鲫鱼等，形成生态食物链，保持鱼塘生态系统平衡。

3. 人文观察

通过桑基塘鱼了解，联系范蠡《养鱼经》，探秘《养鱼经》与桑基塘鱼的历史传承。

思考题

（1）桑基鱼塘与桑基塘鱼的联系与区别在哪？

（2）通过捕鱼你能讲出青、草、鲢、鳙、鲫的特点吗？

（3）桑基塘鱼的养殖与范蠡《养鱼经》的关系。

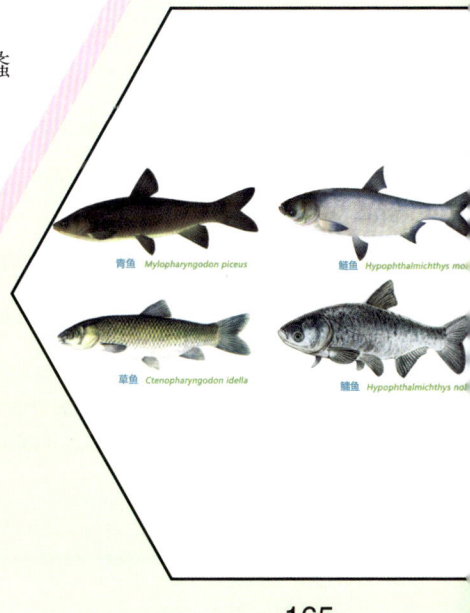

165

食育课程

一味美食鱼桑餐

美国一家杂志在新世纪初曾出题"哪个国家的菜最好吃？"民意测验的结果，90%以上认为是"中国菜"。西方有一位大文豪形容中国菜说"中国烹调是中国及其文化永恒的光彩"。

▶ [学习导航]

《舌尖上的中国》集中了全国不同菜系，历史上成"系"的就有老八系、新八系，帮口则更多。在八个菜系中，浙江菜系应该是其中佼佼者，而荻港非遗陈家菜则在佼佼者之中独占鳌头。此菜在于其具有浓厚的地方特色与独到的烹饪技法，多次在省内外赢得金、银各奖。其菜肴以生态鱼品为主，但又不局限于鱼。而集桑基鱼塘多样作物原料于一体，正可谓古人称"五谷为养，五果为助，五畜为益，五菜为充"，配合各种食物，合乎科学，有益健康，也更有滋味。

4 000年前，厨师鼻祖彭祖在这里留下了他的行踪，烹制"羊方藏鱼"名菜。春秋时，范蠡陶朱公留下了他的足迹，写出了《养鱼经》。百年前，民间"一指鲜"施庆生留下了他的非遗陈家菜。由此，湖州人养鱼、烹鱼、吃鱼中积累了丰富的经验。吃鱼不仅味美，更是养生妙方。"吃鱼会变聪明"屡屡被中国人提及，外国也有学者将吃鱼和降低青少年冲动的相关性研究。由此可见，非遗陈家菜传承的意义所在。

▶ [食育模块]

食育课程——一味美食鱼桑餐

课程名称	课程内容	课程形式
非遗陈家菜	荻港渔庄的非遗陈家菜时湖城美味一绝。非遗陈家菜不仅在传承上下功夫，而且不断开拓创新，成为湖州鱼文化节每年的亮点	观看视频+体验+完成产品
学包芦叶鱼头粽	芦叶鱼头粽，即把稻米与鱼肉用芦叶包的粽子。在民间"粽"谐音"中"。用芦叶包的粽还有肉粽、扁豆粽、赤豆粽等	观看视频+体验+完成产品
青圆子	青圆子是民间最常做的圆子，因其青色取当地艾草叶为原料，有一种淡淡的清香。现大都用南瓜叶，颜色比艾草更绿，更有光泽，但味道仍是艾草纯正	观看视频+体验+完成产品

课程目标	教材链接
1. 通过非遗陈家菜的认识了解国家非物质文化遗产的传统历史与传承意义。 2. 思考非遗陈家菜是怎样走出荻港，走出湖州，走出中国的。 3. 体验非遗陈家菜系列中的一项名菜。体验中国美食色、香、味、形、滋、感特点	四年级《道德与法治》下册第三单元《美好生活哪里来——我们的衣食之源》高中《语文》选修《中国民俗文化》陆文夫《姑苏菜艺》
1. 了解桑基鱼塘系统渔农包鱼头粽的民俗风情。了解范蠡西施的传说及劳动人民对渔业丰收的向往。 2. 在学包芦叶鱼头粽的过程中，认识并感受芦叶的特点，识别稻米的种类，实地体验大自然植物的多样性和丰富性。 3. 体验中得到手感的愉悦，增加生活情趣，培养动手能力，反复战胜挫折感，增强必能成功的自信心	
1. 了解江南民间风俗及美食小吃历史渊源。 2. 认识稻谷与粳米与糯米的区别。 3. 从青圆子的体验感受农民的聪明才智和对美好生活的热爱及追求	

非遗陈家菜

课程资源

　　荻港渔庄的非遗陈家菜是湖城美味一绝。非遗陈家菜源于民国时期国民党元老陈果夫，荻港名门望族朱氏五楼是陈果夫的岳父。朱五楼曾在上海创办福康、顺康两大钱庄，又曾任上海钱业协会首任会长，后告老回乡。陈果夫常来荻港拜见老丈人，每次到荻港总请村中烧鱼最出色的老厨师"鸡骨头庆生"到府上烧菜。而陈果夫又是烹饪高手，常与庆生研究菜谱，一来二往，边尝边探讨，慢慢形成了"陈家菜"的菜系。后来陈家菜不仅在荻港大受欢迎，而且对整个湖城烹饪有着很大的影响。陈家菜的二代、三代传人现均在荻港渔庄掌勺，而陈家菜也被列入非物质文化遗产。

　　非遗陈家菜不仅在传承上下功夫，而且不断开拓创新，成为湖州鱼文化节每年的亮点。如"大锅乌金子"是游客的抢手货和必尝名菜。"烂糊鳝丝"由传人代表湖州文化在中央电视台"城市一对一"栏目和意大利都灵巧克力文化进行交流。"生汉肉饼子"曾记载在古代志书中，是以土猪肉和荻港鱼肉调配合一，适温油煎，里嫩外脆，鲜香四溢。"状元球"是用荻港桑基塘鱼原料制作为上品。

活动导航

　　（1）考察由鱼塘、古运河及荻港外巷埭溪。听指导老师讲乾隆皇帝故事，了解陈果夫来荻港历史行程及坐船上岸遗址。

　　（2）参观湖州桑基鱼塘系统历史文化馆。重点听取指导老师介绍非遗陈家菜及有关菜谱。

　　（3）跟着非遗传人，荻港渔庄大厨学做"状元球"。

　　（4）选非遗陈家菜中名菜"状元球"制作体验：

　　①白鲢一条，处理干净，去骨去皮并加工成鱼泥。②调料准备，加盐并少许料酒，鸡精调味。③用勺子舀一大勺鱼泥放手心，量以能握空心拳为准。④然后慢慢将手掌中的鱼泥从虎口中挤出来。⑤挤出的"状元球"放入冷水锅开煮，等球色发白即可。

知识导航

荻港广阔的水域，交织的河网，池塘水漾盛产着各类野鱼，较为名贵的有鳜鱼、鲈鱼、黑鱼、白鱼、鲫鱼、鲤鱼、鳊鱼、汪丁等。河港兜浜稻田里的虾、蟹、蚌、蚬、鳅、鳝资源也很丰富。由此而来的食材，使荻港的传统菜肴美食名扬遐迩。如红烧鱼块、炒头尾、烂糊鳝丝、姜汁烂糊蛋、生汗肉饼子等。相传烂糊鳝丝成为乾隆皇帝下江南驻足湖州时钦点的荻港名菜。

荻港渔庄除了传承非遗陈家菜以外，还开创了水乡百鱼宴、桑陌系列茶点、传统美食小吃、亲子食育美餐等系列产品。水乡百鱼宴取不同的鱼类不同烹饪手法，做成一百盆菜肴。桑陌茶点用桑叶、桑果等原料制作成桑叶茶、桑果糕、桑黄饼、桑叶蛋卷冰淇淋等。传统小吃如青团子、芦叶鱼头粽、鱼肉馄饨等。亲子美餐有各种食材根据营养学调配制成的各种造型、创意美餐。

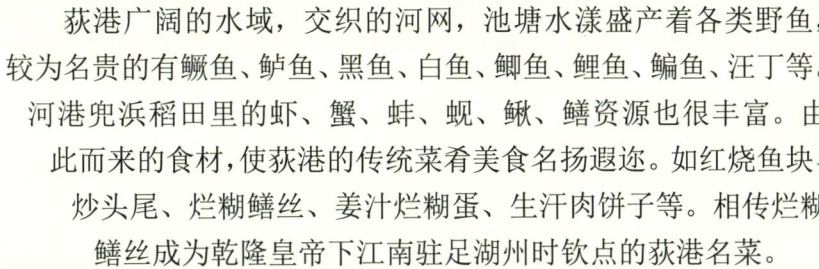

思考题

（1）通过非遗陈家菜的认识了解国家非物质文化遗产的传统历史与传承意义。

（2）思考非遗陈家菜是怎样走出荻港，走出湖州，走出中国的？

（3）体验非遗陈家菜系列中的一项名菜。体验中国美食色、香、味、形、滋、感特点。

学包芦叶鱼头粽

课程资源

　　湖州桑基鱼塘系统,以种植水稻为主,米饭为食。据《史记·货殖列传》载:"吴越之地,饭稻羹鱼。"《汉书·地理志》:"江南地广,民食鱼稻。"荻港的鱼稻美食还有传统的芦叶鱼头粽,即把稻米与鱼肉用芦叶包的粽子。在民间"粽"谐音"中"。用芦叶包的粽还有肉粽、扁豆粽、赤豆粽等。每年五月初五为端午必食粽,称为端午粽。荻港端午粽名目繁多,形制丰富。有荤有素,有甜有咸。形状有独脚粽、四角粽、秤锤粽,最有特色的是鱼头粽。

　　芦叶鱼头粽由来已久,相传春秋时期范蠡西施泛舟五湖,途径湖州东苕溪荻港,见两岸芦荻丛生,河水清澈却少有鱼游溪中,于是范蠡西施采芦荻叶折成鱼头形状放入溪水中即化为成群鱼儿。从此,每逢佳节,荻港家家户户裹包鱼头粽,并用此粽挂在船头。据说鱼头粽遇到一点水就会化成一条鱼,出门捕鱼必有大收获。鱼头粽每年成了家家户户拜鱼神的必备贡品。感恩之际,渔民祈求风调雨顺,并祝年年有余,五谷丰收的美好愿望。

活动导航

　　(1) 观看鱼头粽的传说视频。

　　(2) 集中观看知道老师包鱼头粽的过程。

　　(3) 每人取 1 片芦叶,中学生可取 2～3 片。从尾部卷成漏斗状(放入红豆、糯米、白糖。放红豆民间流传的意思是"鸿运当头",白糖是甜甜蜜蜜)。

　　(4) 然后用手固定粽子成三角形,在粽子外扎上粽线,线头绕"八字"形,鱼头粽即完成。

　　(5) 待煮熟后亲口一尝自己的劳动成果,既香又甜,味道特别好。

　　注:活动中,初高中学生及亲子体验,可去野外摘芦叶,清洗干净后选出上品芦叶进行裹包鱼头粽。粽子不用线扎,而用钢针牵引芦叶尾穿过鱼头粽尖,包裹即可。

知识导航

粽是由粽叶包裹糯米蒸制而成。常用以柊叶、箬叶作为包粽的叶子。荻港水塘溪边芦荻丛生，民间也有用芦叶包裹稻米煮成。

粽子的配料由于各地饮食习惯不同，粽也形成了南北风味。从口味上分，粽子有咸粽和甜粽两大类。北方粽子多是简单白米、赤豆、枣，蘸着白糖，多以斜四角或三角常见。而在南方，粽子口味丰富，形状多样。最具特色的是芦叶鱼头粽，包粽不用线扎，而用芦叶自身叶尖进行穿裹粽内外而成。那么为什么不用线扎打结裹实呢？因渔民把鱼头粽视为神圣之物，具有敬畏之感。因此流传着特殊意义的民间风俗。

思考题

（1）芦叶鱼头粽的由来。

（2）通过学包芦叶鱼头粽，你认识了哪些植物和美食原料？

（3）在体验过程中，经历了哪些挫折，你有哪些心得体会？

青圆子

课程资源

民以食为天，在桑基鱼塘这片土地上，民间小吃美食文化源远流长。荻港美食不仅以鱼为食材深得大众喜爱，而且稻米食品小吃丰富，如年糕、粽子、圆子都是由稻米精制的传统美食。

湖州地区种植水稻历史悠久。钱山漾遗址出土的粳籼米稻谷，稻田除单耨田的石耨刀，捻河泥木千篰等。证明湖州地区的水稻种植史可追溯到 4 700 多年前。湖州的稻米做成米饭清香糯白，而煲成米粥又成养生美料。民间有传："新米粥，酱萝卜，郎中见了哭。"指没人生病，医生没生意了。

除了饭粥，稻米磨成粉加工成各种食品是当地最妙的美味。在水乡一带米粉常做成方糕、定胜糕、橘红糕、桂花年糕。还可做成各种各样的圆子，如茧圆子、长圆子、豌豆圆子、太君圆子等；颜色有白色、青色、黄色、花色等；就口味而言有淡的、咸的和甜的。

青圆子是民间最常做的圆子，因其青色取当地艾草叶为原料，有一种淡淡的清香。现大都用南瓜叶，颜色比艾草更绿，更有光泽，但味道仍是艾草纯正。

活动导航

| 观看荻港民间小吃美食制作视频。 | 了解青圆子是怎样做成的，由指导老师与学生进行问答互动。 | 粳米与糯米比较，从形、色方面进行区别。然后分组在传统石头磨子上磨粉。体验从米到粉的过程。 | 由指导老师分组辅导进行青圆子制作。 | 完成后由指导老师点评哪组最符合标准要求。 |

知识导航

曾经有一批国外友人来我国乡村参观体验，他们见中国的米粉圆子很惊奇，不知怎样才能把"馅"放入圆子中间，找来找去找不到放"馅"的口子。也许，这就是中国人的美食创造的智慧。

青圆子取优质粳米及糯米浸泡后进行磨粉，然后按一定比例的粳米粉和糯米粉搭配调匀，用开水和成小粉团，再双手慢慢揉，边加水边粘粉而完成。

青圆子的"馅"要先备好，湖州人方言不叫"馅"，而叫"眼心"，青圆子常用"眼心"是咸菜眼。咸菜眼里放些肉沫或开洋，民间称为"吊吊鲜味"。

粉团与眼心准备好后就可开始做圆子了。先从大粉团上捏上一小块小粉团，搓圆后用大拇指在圆中心按下，另四指围小粉团圈挤，使小粉团成形缸状，俗称"开缸"，又名"开眼"，然后把眼心填入，再用虎口慢慢将眼口挤实封口，青圆子就做好了。

青圆子做好后用筷子蘸洋红点上，以呈喜气。也有用野草花蒂蘸洋红点上，以呈图案变化。然后放入蒸笼隔水蒸煮，待蒸成"玉色漾气"时方可。青圆子如碧玉翠珠，光亮鲜润，香气扑鼻，馋涎欲滴。

思考题

（1）从稻谷到米粉，其中要经过哪几个加工过程？

（2）粳米与糯米分别有哪些特征？

（3）通过青圆子体验给你带来了哪些启示？

天堂渔歌

1=G 散板

词曲：石风

后 记

国家教育部等 11 部门印发《关于推进中小学研学旅行的意见》指出："学校要根据学段特点和地域特色，逐步建立小学阶段以乡土乡情为主，初中阶段以县情市情为主，高中阶段以省情国情为主的研学旅行活动课程。"荻港渔庄作为湖州市中小学生研学旅行实践教育基地及营地，同时作为浙江省第二批研学营地。经过一年多来的研学教育实践，使我们深刻认识到研学旅行课程开发是一项系统工程，不仅需要对国家有关研学旅行的政策有深刻的体会，而且需要对鱼桑文化研学课程开发的设计理论与技术有深入挖掘与时代的创意，更需要对学校的办学理念、办学特色、育人目标等有清晰的认识。鉴于此，鱼桑文化研学课程尽量避免"标签化""盲目性"与"碎片化"，力求形成一个多元化的复合型综合实践的主体。

2019 年秋基地应邀参加了"第六届全国农业文化遗产研讨会"，在会上进行了"鱼桑文化研学课程"介绍；2020 年 1 月在北京参加国家文旅部研学培训班，聆听各位专家及各地优秀研学导师的讲座及经验介绍后，令我进一步认识到一个完整的研学旅行活动课程，需要学校教学课程的主导，经过基地（营地）对课程的反复实施，还有研学服务机构课程补充所组成的一个研学旅行活动课程链，而且这个课程链应该根据时间、地点、对象的不同形成相互独立、各显特色、相互依存、互为补充。所以说鱼桑文化研学课程既是一个动态的、创新的课程，又是一个系统的、相互关联的课程。它没有而且不可能成为一个固定的课程模式，它需要不

断变化创新而达到学生最有效的体验感悟。《湖州鱼桑文化研学课程新释》力求系统化、知行化，凸显研学营地围绕鱼桑的核心内容且表着营地教育的核心竞争力。

《湖州鱼桑文化研学课程新释》紧紧围绕全球重要农业文化遗产湖州桑基鱼塘，充分挖掘其自然资源与人文资源，梳理出较为系统研学的课程资源，但不能说已经形成了研学课程的教材，只是在探索鱼桑文化研学主题的方向。至于具体课程的策划实施需要我们在不同时期不断地融入新的课程内容与体验实施。在编写此书期间，欣闻中共中央国务院又下发了《关于全面加强新时代大中小学劳动教育的意见》，这给研学旅行又提出了新的要求，如何将以前的"四育"提高到"五育"的研学体验，鱼桑文化研学课程怎样在"劳"字上做得更深更透，这就需要我们在几年来研学实践的基础上进一步深入研究，及时与学校对接并广泛听取家长意见才能落到实处。正因如此，《湖州鱼桑文化研学课程新释》中总共35个课程分别设置了课程资源、知识导航、课程目标、活动导航、思考题等，而研学的课程实施则需要根据不同时期的形势要求及学校家长及学生需求进行随时调整。如我们的湖笔制作研学课程就是根据不同对象进行不同的课程实施。据我观察了解，在湖州开展湖笔制作体验主要有3个地方：一是市区的"中国湖笔博物馆"；二是善琏镇的"湖笔文化馆"；三是荻港渔庄的"湖州笔道艺术馆"。其中"中国湖笔博物馆"是2001年建，"湖州笔道艺术馆"是2003年建，前者以史为主，后者以艺为主，两

馆创建之初我都参与了策划。善琏湖笔文化馆建于2010年，以湖笔文化为主线，这"三馆"的湖笔制作体验各有优势、各有特色。

而我们作为浙江省研学营地的湖州笔道艺术馆，更需要给学校提供全面优质的研学课程。所以，我们对湖笔制作研学课程的实施要求具有独特性。一是怎样让学生了解湖笔的原料是以羊毫为主，湖州山羊喂食桑叶使羊毫柔而健、细而挺，所以我们特设计了学生采桑叶喂山羊的体验课程，这在市区的湖笔博物馆是无法实施的。二是我们在笔道馆大门前竖起一块大石碑，内容是歌颂湖笔的历史与现状，名《湖笔歌》，这是我10年前所撰并用湖笔书写的行楷刻成石碑，让学生在体验湖笔制作的同时，学习湖笔历史并体验石碑非遗传拓，这也成为我馆的一大特色。所以我们设计的湖笔制作研学课程其本身就形成了一个系列，从原料的源头到制作的工序再到湖笔的功能及其作用的发挥，把湖笔的实物提升到湖笔的精神，把湖笔的"四德"与"以德树人"的教学结合起来，真正把德智体美劳融入到研学实践教育过程之中。

《湖州鱼桑文化研学课程新释》立足桑基鱼塘，突出湖州"丝绸之府、鱼米之乡、湖笔之都、书画之郡、茶禅之源、瓷窑之古"的千年文化，以鱼桑为主题梳理出10方面的内容，涉及地理类、生态类、历史类、农科类、人文类、文创类等课程。既有观光游历、参观走访，又有亲历动手，探索体验，激发学生主观能动性与思维开创性，知行合一、学以致用，在体验中培养学生的核心素养。课程面对不同阶段的学生需要不同的内

容要求，根据小学阶段以乡土乡情为主，课程内容选择以"乐"为主，偏重趣味性、娱乐性；初中阶段以县情市情为主，课程内容选择以"动"为主，偏重探索性、竞赛性。高中阶段以省情国情为主，课程内容以"思"为主，偏重综合性、研究性。

正因如此，鱼桑文化研学课程实施需要在实践中不断完善，而这个实践既是不同学段学生的综合学科实践，又是学校、家长根据校本教材的实践，更是研学营地的课程实施与团队的实践。只有经过实践，才能检验鱼桑文化研学课程能否符合学生体验及教育的要求。

《湖州鱼桑文化研学课程新释》仅仅是给研学同道提供的一个课程内容系列的纲要，以此抛砖引玉，诚请各位专家同道给予指点迷津，并请各位学校老师及家长在研学实施过程中随时指正不足之处，让我们携手共进，为研学旅行共同开创美好的明天！

2021年5月8日